PETER NEVE

ḪATTUŠA – STADT DER GÖTTER UND TEMPEL

SONDERHEFTE DER ANTIKEN WELT

Zaberns Bildbände zur Archäologie

VERLAG PHILIPP VON ZABERN · GEGRÜNDET 1785 · MAINZ

PETER NEVE

Ḫattuša – Stadt der Götter und Tempel

NEUE AUSGRABUNGEN IN DER HAUPTSTADT DER HETHITER

VERLAG PHILIPP VON ZABERN · MAINZ AM RHEIN

Die Hethiter und ihr Reich

Vor 85 Jahren – 1907 – begann das Deutsche Archäologische Institut die Ausgrabung von Ḫattuša, der Hauptstadt des Hethiter-Reiches, das sich im 2. Jt. v. Chr., in der Zeit von ca. 1600 bis 1200, auf anatolischem Boden etabliert hatte.

Historischer Überblick

Die Hethiter bilden eine der drei großen indoeuropäischen Völkergruppen, die vermutlich um die Mitte des 3. Jts. v. Chr. über das kaukasisch-armenische Gebirgsland nach Kleinasien einwanderten: die Palaer in das nördliche Anatolien, wo sie in der westpontischen Berglandschaft Paphlagoniens seßhaft wurden, die Luwier in das südöstliche und südliche Anatolien, von wo aus sie sich diesseits und jenseits des Taurusgebirges weit nach Westen bis hin zur ägäischen Küste ausbreiteten, die Hethiter in das zentralanatolische Hochland Kappadokiens und das südliche pontische Randgebirge, wo das Gebiet des in weitem Bogen zum Schwarzen Meer fließenden Kızılırmak, des Stromes, der in der klassischen Antike Halys und in hethitischer Zeit Maraššantija hieß, zu ihrem Kernland wurde. Es ist das Land der Ḫatti, eines alteingesessenen anatolischen Volkes, nach dem die Hethiter sich und ihr Reich benannten (Abb. 1–3, 5).

Gründung und Konsolidierung des Reiches

Die Anfänge des hethitischen Reiches liegen im dunkeln. Offenbar gingen Machtkämpfe zwischen rivalisierenden Kleinstaaten einheimischer und hethitischer Potentaten voraus, die damals die politische Struktur Anatoliens bestimmten. Ein beredtes Zeugnis von der Situation dieser Zeit besitzen wir mit dem sog. Anitta-Text, der jüngeren Abschrift eines althethitischen Dokumentes, das von dem König Anitta von Kuššara verfaßt wurde und seine *res gestae* zum Inhalt hat. Er berichtet darin u. a. von seinen Feldzügen, die ihn nach Neša/Kaniš, der altassyrischen Handelszentrale nahe dem heutigen Kayseri, nach der Stadt Zalpa, die im Delta des Kızılırmak am Schwarzen Meer lokalisiert wird, und nach Ḫattuša führten, das damals ebenfalls Sitz einer assyrischen Händlerkolonie war. Während er Zalpa und Ḫattuša zerstörte, wurde Neša mit einer Stadtmauer und neuen Tempeln bedacht und scheint fortan auch eine zentrale Stellung in dem hethitischen Siedlungsraum eingenommen zu haben; denn diesen Ortsnamen

Abb. 1 Karte von Anatolien und Nordsyrien (nach K. Bittel, Die Hethiter [1976] Abb. 342).

übertrugen die Hethiter nun auf ihre Sprache, die sie ‹nesisch› nannten. Trotz seiner offensichtlich erfolgreichen Feldzüge scheint es Anitta jedoch nicht gelungen zu sein, die Vormacht auf anatolischem Boden zu erringen und damit der Gründung des hethitischen Reiches den Boden zu bereiten.

Diese wird nach hethitischer Überlieferung einem König Labarna zugeschrieben, der aus dem gleichen Hause wie Anitta, aus Kuššara, stammte und fortan bis zum Ende des Reiches von allen hethitischen Herrschern als der Urvater des Großkönigstums respektiert wurde. Das geht sogar so weit, daß man seinen Namen als zusätzlichen Titel verwendete, etwa in dem Sinne, wie der Name des Gründers des Römischen Imperiums, Caesar, zum Titel ‹Kaiser› wurde.

Bereits in früher Zeit scheint sich das Reich über seine alten Grenzen hinaus ausgedehnt zu haben mit dem Bestreben, die jenseits der Gebirgsbarrieren im Norden und Süden liegenden Meeresküsten zu den Grenzen des Landes zu machen. So heißt es in einem althethitischen Gebet: *«Der König möge wohlauf sein . . ., und sein Land möge diesseits das Meer und jenseits das Meer zur Grenze haben.»*

Der Anspruch auf die Meeresküsten als Grenze spiegelt sich auch in der althethitischen Sage von der Reichsgründung wider, in der die uns bereits durch den Anitta-Text bekannten Orte Neša/Kaniš im Landesinnern und Zalpa am Schwarzen Meer mit dem sie quasi verbindenden Maraššantija-Fluß die Hauptorte der Handlung stellen. Bei dem Drang zum Meere dürfte in diesem Falle auch der Besitz des pontischen Gebirges mit seinen reichen Metallvorkommen von Bedeutung gewesen sein (Abb. 4, 9).

Erste historisch belegbare Expansionen sind die durch zeitgenössische Urkunden überlieferten Eroberungszüge Ḫattušilis I. und seines Nachfolgers, Muršili I., die weit über die bestehenden Grenzen des hethitischen Kernlandes hinaus südostwärts nach Nordsyrien und Mesopotamien führten. Ḫattušili I. (um 1570 v. Chr.) kam bis nach Ḫalpa/Aleppo, das er aber anscheinend erfolglos belagerte, und überschritt den Euphrat. Muršili I. konnte dagegen Ḫalpa erobern und darüber hinaus bis nach Babylon vordringen, dessen Zerstörung das Ende für die Hamurabi-Dynastie und den Beginn der Kassiten-Herrschaft bedeutete (1531 v. Chr.).

Handelt es sich dabei noch um Aktionen, die durch die Ermordung Muršilis und die danach einsetzenden, Genera-

Abb. 2 Landschaft des Kızılırmak in Kappadokien.

Abb. 3 Der Kızılırmak bei Kula im nördlichen Zentralanatolien.

Abb. 4 Die Ebene des Kızılırmak-Deltas bei Bafra.

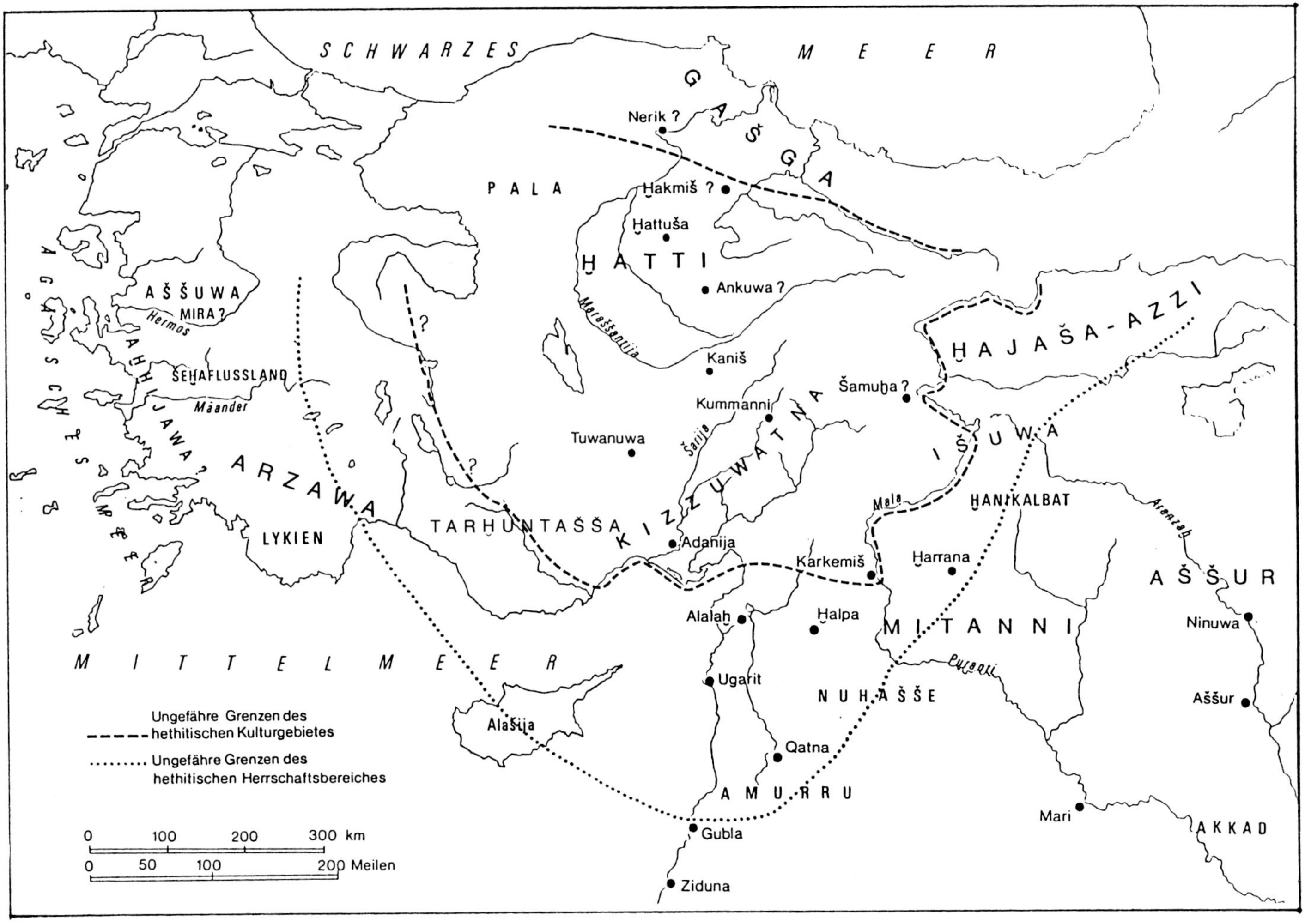

Abb. 5 Karte von Vorderasien zur Zeit des Hethiterreiches (nach K. Bittel, Die Hethiter [1976] Abb. 344).

tionen währenden innerdynastischen Machtkämpfe ohne nachhaltigen Erfolg blieben, aber auch ohnehin mehr oder weniger den Charakter von Beutezügen besaßen, so waren spätere Unternehmungen deutlich mit politischen Plänen verbunden. Sie galten sowohl dem Südosten als auch dem Westen: Šuppiluliuma I. (ca. 1350–1320 v. Chr.) unterwarf das Reich der Mitanni im hurritischen Syrien, ließ es allerdings als Vasallenstaat weiterbestehen. Ein ähnliches Schicksal hatten bereits vorher die Länder an der Westküste Anatoliens erfahren, wie aus Annalen hervorgeht, die Tutḫalija II. (um 1400 v. Chr.) zugeschrieben werden.

Die Großreichszeit

Mit diesen Ereignissen setzt die Periode des hethitischen Großreiches ein, in deren Verlauf das hethitische Reich dann – nach der unter Muwatalli II. mit der Schlacht bei Kadeš (1275 v. Chr.) erfolgreich beendeten Auseinandersetzung mit Ägypten, das die Vorherrschaft in Syrien für sich beanspruchte – zu seiner größten Ausdehnung und Macht gelangte. Unter Einschluß der neuen Vasallenstaaten und Verbündeten reichte sein Gebiet nunmehr von der ägäischen Küste mit dem Lande Aḫḫijava/Achaia als Grenznachbar im Westen bis hin zum oberen Euphrat und den Gebirgsländern Iššuwa, Ḫajašša im Osten sowie südwärts bis zum Oberlauf des Chaburs und dem Ursprung des Orontes, d. h. bis an die Grenzen Assurs, Mesopotamiens und des Ägypten verbliebenen syrischen Gebietes. Angeschlossen war außerdem die Insel Cypern, hethitisch Alašija, die wegen ihres Kupferreichtums große wirtschaftliche Bedeutung besaß. Im Norden ging allerdings die pontische Küste mitsamt dem Hinterland an das räuberische Bergvolk der Kaškäer verloren, das auch weiterhin das Reich mit Überfällen heimsuchte. Die Grenze dürfte hier nun wieder, wie in alten Zeiten, etwa dem Südrand des pontischen Berglandes entsprochen haben.

Einbußen gab es auch durch abtrünnige Staaten im Westen zu verzeichnen, denen man aber bis in die Spätzeit mit Strafexpeditionen und erneuter Unterwerfung zu begegnen wußte. Das Hauptaugenmerk der Politik blieb während der ganzen Großreichszeit jedoch auf den Südosten gerichtet, wo die hethitische Vorherrschaft sogar noch nach dem Untergang des Reiches (ca. 1200 v. Chr.) durch seine Nachfolgestaaten, die zudem noch von Nachkommen der großköniglichen Dynastie in Ḫattuša regiert wurden, eine Zeitlang aufrechterhalten werden konnte.

Das Staatswesen

Das Hethiter-Reich war etwa im Sinne eines feudalen Herrschaftssystems organisiert. An seiner Spitze stand der Großkönig und ihm zur Seite die offenbar gleichberechtigte und daher häufig auch recht einflußreiche Großkönigin. Der Großkönig nahm zugleich das Amt des obersten Richters und Priesters wahr. Die Thronfolge wurde durch einen Erlaß geregelt, den der Großkönig Telipinu (um 1500 v. Chr.) verfaßt hatte, um den innerdynastischen Kämpfen, die seiner Regierungszeit vorausgegangen waren, ein Ende zu setzen. Demnach handelte es sich um eine Erbfolge, bei der der Sohn aus erster Ehe vorrangig das Nachfolgerecht besaß, im Falle, daß keiner vorhanden war, aber auch ein Sohn zweiten Ranges König werden konnte. Wenn es überhaupt keinen männlichen Nachfolger gab, dann *«soll man einer Tochter ersten Ranges, die vorhanden ist, einen Gemahl nehmen, und der soll König werden»*. Der Erlaß wurde jedoch nicht immer befolgt, so daß es auch später zu weiteren Zwisten kam. Erst mit Beginn der Großreichszeit und einem offenbar damit verbundenen Dynastiewechsel scheinen sich die Verhältnisse konsolidiert zu haben – aber auch dann blieben sie, wie wir noch sehen werden, nicht von Dauer.

Der Großkönig verfügte über einen umfangreichen Hofstaat, der sozusagen die Adelsschicht des Reiches repräsentierte und die einzelnen Geschäftsbereiche einschließlich des Militärwesens verwaltete. Er wartete mit einer regelrechten ‹Lobby› von Angehörigen des Königshauses oder ihm Nahestehenden auf, die man, wie sich manchen Urkunden entnehmen läßt, gegebenenfalls durch Landschenkungen verpflichtete und abhängig machte. Mitglieder des Königshauses wurden auch in den neueroberten Ländern eingesetzt, so z. B. in dem Vizekönigtum von Karkemisch in Nordsyrien, das noch lange Zeit nach dem Untergang des hethitischen Reiches weiterbestand, während man andere Länder den einheimischen Fürsten als Vasallen überließ oder durch besondere Verträge an den Hof in Ḫattuša band. Eine besondere Rolle spielte in diesem Zusammenhang auch die der Habsburger Diplomatie nicht unähnliche Heiratspolitik, wodurch zusätzliche verwandtschaftliche Bande hergestellt wurden.

Religion und Kultur

Die Religion der Hethiter ist alles andere als einheitlich, was zweifellos auf den Vielvölkerstaat, vor allem aber auf die gegenüber fremden Religionen geübte Toleranz zurückzuführen ist, wobei sicherlich nicht nur Gläubigkeit, sondern auch politisches Kalkül eine Rolle spielte.

Dem mit der Sonnengöttin von Arinna und dem Wettergott von Ḫatti als oberstem Götterpaar vertretenen Pantheon der alteinheimischen Hattier treten hethitische, luwische, palaische, hurritische und mesopotamische Götter zur Seite, die in vieler Hinsicht verwandte Züge zeigen und dann auch einen entsprechenden Stellenwert besitzen. Dies zeigt sich am überzeugendsten an dem Zug der männlichen und weiblichen Götter des hurritischen Pantheons in dem Felsheiligtum Yazılıkaya nahe der Hauptstadt,

Abb. 6 Yazılıkaya, Kammer A, Hauptszene des Götterzuges.

Abb. 7 Felsrelief bei Fraktin. Großkönig Ḫattušili libiert vor den Göttern.

Abb. 8 Felsrelief bei Fraktin. Großkönigin Puduḫepa bringt den Göttern ein Trankopfer dar.

Abb. 9 Blick von dem Stadthügel Neša/Kaniš auf den Erciyas.

dem die einheimische Götterwelt gewissermaßen als Vorlage diente (Abb. 6, 230–233). Hinzu kommen die vielen lokalen, d. h. ortsgebundenen Vertreter dieser Götter, so daß es durchaus nicht übertrieben erscheint, wenn die Hethiter von den «tausend Göttern» ihres Reiches sprechen.

Die Sorge um das Wohl dieser Götter, von dem das Wohl des Königshauses und des Reiches abhängig war, betraf in erster Linie den Großkönig als obersten Priester und nicht minder die Großkönigin, wie auf dem Relief von Fraktin eindrucksvoll belegt ist (Abb. 7, 8), sodann in ihrer Vertretung die Oberen der untergebenen Länder und Städte sowie natürlich die Priesterschaft, die mitsamt dem übrigen Tempelpersonal angesichts der großen Zahl der Götter den größten Prozentsatz an ‹Funktionären› im damaligen ‹öffentlichen Dienst› gestellt haben dürfte.

Durch die Konfrontation mit dem Mitanni-Reich gewann die hurritische Religion in der Großreichszeit zunehmend an Einfluß, der sich in der Spätzeit noch durch die Heirat des Großkönigs Ḫattušili III. (ca. 1265–1235 v. Chr.) mit einer vermutlich hurritischen Priesterin aus dem Lande Kizzuwatna verstärkte. Er führte offenbar zu einer Neuorganisation des hethitischen Kultlebens unter dem Sohn des Paares, Tutḫalija IV., die sich u. a. in einer innigeren Verbindung der einheimischen mit der hurritischen Religion manifestierte. So nimmt es auch nicht wunder, daß gerade dieser König als der Schöpfer des oben zitierten Felsheiligtums von Yazılıkaya zu gelten hat.

Über das hurritische Syrien wurde auch der Zugang zu mesopotamischen und ägyptischen Glaubensvorstellungen geöffnet. So weist vieles darauf hin, daß in der Spätzeit des Großreiches der vormals erst nach seinem Tode vergöttlichte König nun, dem Beispiel mesopotamischer und ägyptischer Herrscher folgend, die göttliche Würde bereits zu seinen Lebzeiten beanspruchte.

Eigenständiges und übernommenes Kulturgut

Wie mit der Religion als einzelnem Symptom, so verhält es sich auch insgesamt mit der hethitischen Kultur, die besonders in den zwei Jahrhunderten der Großreichszeit – bedingt durch die Vielfalt der in dem Reich zusammengeschlossenen Völker, aber auch durch den Kontakt mit den Nachbarländern, d. h. in erster Linie wieder den syrischen Nachbarstaaten einschließlich Ägypten – neben Anatolisch-Hattischem manchen fremden Einfluß aufweist. Allem voran steht dabei die schon in frühester Zeit aus Mesopotamien übernommene Keilschrift, mit der natürlich auch andere Kulturgüter aus diesem Raum, vor allem geistige Erzeugnisse, in das hethitische Reich Eingang fanden. Nicht zu vergessen, wenn auch bisher noch kaum erforscht, sind die Verbindungen zu dem minoisch-mykenischen Kulturkreis, die allein angesichts der unmittelbaren Nachbarschaft mit Sicherheit zu erwarten sind und sich z. B. bereits durch manche Erscheinungen in der Architektur nachweisen lassen.

Doch ist bemerkenswert, daß die Hethiter es verstanden, trotz aller Einflüsse eine eigene Kultur zu schaffen, für die offenbar die anatolische Tradition die Basis bildete, in welche die fremden Elemente integriert wurden, wobei die hethitischen Eigenheiten aber erhalten blieben, ohne – wie es in den letzten Jahrzehnten in der Staatsführung und in religiösen Anschauungen anscheinend der Fall war – orientalisiert zu werden. Bestes Beispiel dafür ist das Bewahren einer durchaus humanen Lebenseinstellung, die besonders in der Rechtsprechung, aber auch in der sozialen Gleichberechtigung der Frau und nicht zuletzt in der bereits erwähnten Toleranz im religiösen Leben zum Ausdruck kommt, damit aber in krassem Gegensatz zu orientalischen Auffassungen steht. Wie die geistige, so ist auch die materielle Kultur unverkennbar als hethitisch anzusprechen.

Vierhundert Jahre waren den Hethitern vergönnt, diese ihre Kultur zu entwickeln. Sie führte zu enormen Leistungen, die sich in jeder Hinsicht durchaus mit denen der anderen Großmächte in der Alten Welt messen konnten. Keinen besseren Zeugen dieses Phänomens gibt es als die Ruinen von Ḫattuša, der Hauptstadt des Hethiter-Reiches. Ihr Werdegang von der anatolischen Landstadt zur großköniglichen Residenz und Göttermetropole spiegelt das Werden und Wesen hethitischer Kultur in besonders eindrucksvoller Weise wider, damit zusammen aber auch die bei aller Weltoffenheit im Grunde konservative Haltung der Hethiter, die sich im Hinblick auf Ḫattuša dahingehend äußert, daß man diesen Platz trotz seines schließlich weitab von den politischen Brennpunkten gelegenen Standortes – abgesehen von einer kurzen Unterbrechung – bis zum Ende des Reiches als Hauptstadt beibehielt.

Die Hauptstadt Ḫattuša

Topographie

Ḫattuša liegt im nördlichen Zentralanatolien etwa 150 km östlich von Ankara bei der Kreisstadt Boğazkale (alter Name bis 1960: Boğazköy) im Zentrum jenes Gebietes, das das alte Kernland des hethitischen Reiches bildete. Schon aus weiter Ferne kündigt sich dem von Ankara her durch das langgestreckte Tal des Flüßchens Budaközü Anreisenden die Stadt durch ihren markanten Standort an: einen am Südende des Tales fast 300 m aus der Ebene ansteigenden, von zahlreichen Felskuppen und -klippen durchbrochenen Berghang, der im Osten und Westen durch tiefe Schluchten begrenzt wird. Wie das Halbrund der *Cavea* eines riesigen antiken Theaters öffnet sich das Stadtgebiet nach Norden, während es sich nach Osten, Süden und Westen fast abweisend hinter dem Wall der Stadtmauer verbirgt. Damit ist deutlich angezeigt, daß die Stadt nach Norden orientiert war, dort folglich auch an das antike, heute noch mit der alten Römerstraße Tavium – Amisos (Samsun) vertretene Verkehrsnetz angeschlossen war (Abb. 10–12, 14, 16).

Die stark gegliederte und zerklüftete Struktur des Hanggeländes ist im Hinblick auf die Anlage und Erschließung einer städtischen Bebauung eigentlich alles andere als ideal zu bezeichnen. Daß man den Platz dennoch besiedelte, dürfte vor allem auf seine strategischen Vorzüge, d. h. auf die beherrschende und von Natur aus geschützte Lage, zurückzuführen sein, dazu in einer Umgebung, die durch reichlich vorhandene Wasserquellen, Weide- und Jagdgründe in der einst dichtbewaldeten – heute bis auf kümmerliche Reste abgeholzten – Berglandschaft sowie durch die weite, fruchtbare Talaue hinreichende Lebensbedingungen selbst für eine größere Bevölkerungszahl bot (Abb. 13, 17).

Siedlungsgeschichte

Eine Bebauung der Stätte ist nachweislich seit dem ausgehenden 3. Jt. v. Chr. belegt, und zwar zunächst in Form eines kleineren, allerdings schon befestigten Ortes, der sich auf den Büyükkale (türk. ‹Große Burg›) genannten Felsen und seine nächste Umgebung beschränkte (Abb. 15a).

Noch in vorhethitischer Zeit, im 19./18. Jh. v. Chr., dehnte sich die Siedlung weiter talwärts aus und entwickelte sich zu einer prosperierenden Landstadt, die, wie durch am Orte – in den dazugehörigen Siedlungsschichten der sogenannten Unterstadt –, aber auch in der kappadokischen Zentrale Neša/Kaniš vorgefundene keilschriftliche Geschäftsurkunden bewiesen ist, zum Sitz einer altassyrischen Handelsniederlassung, dem *karum Ḫattus,* wurde. Durch die Urkunden ist auch zum erstenmal der Name der Stadt belegt (Abb. 15b).

Diese erste Blütezeit Ḫattušas endete mit einer verheerenden Brandkatastrophe, der Burg und Stadt zum Opfer fielen. Als Urheber dieser Verwüstung kommt – wie eingangs ausgeführt (s. o. S. 2f.) – der König Anitta von Kuššara in Frage. Er zerstörte die Stadt nicht nur, sondern verfluchte die Stätte auch, um somit ihre Existenz für alle Ewigkeit auszulöschen. Den Grabungsbefunden ist allerdings zu

Abb. 10 Blick auf das Stadtgebiet von Ḫattuša von Norden im Winter.

Abb. 11 Blick auf das Stadtgebiet von Ḫattuša von Norden im Frühjahr.

Abb. 12 Topographischer Stadtplan von Ḫattuša.

entnehmen, daß der Ort ungeachtet des Fluches schon bald nach seiner Zerstörung, die um 1700 v. Chr. stattgefunden haben muß, weiter besiedelt wurde.

Etwa 100 Jahre später, um 1600 v. Chr., wurde Ḫattuša die Hauptstadt des hethitischen Reiches. Ihr Gründer, der wie Anitta aus Kuššara stammte, nannte sich nach der neuen Hauptstadt Ḫattušili, d. h. der Mann von Ḫattuša. Es ist Ḫattušili I., den wir bereits (s. o. S. 3) durch seine syrischen Feldzüge kennenlernten (Abb. 15c).

Mit der Wahl zur Hauptstadt setzte der entscheidende Aufschwung ein, dessen Höhepunkt die Erweiterung und der monumentale Ausbau Ḫattušas zu einer fast 2 km^2 großen, mit Palästen und ausgedehnten Tempelvierteln versehenen Metropole im 13. Jh. v. Chr. bildeten (Abb. 15d). Diese zweite, zweifellos bedeutendste Blüteperiode der Stadtgeschichte fällt in die letzten Jahrzehnte des hethitischen Großreiches, eine Zeit reger außen- und innenpolitischer Aktivitäten, die vor allem drei Herrschern zuzuschreiben sind: Ḫattušili III., seinem Sohne Tutḫalija IV. und seinem Enkel Šuppiluliuma II.

Ḫattušili III. (ca. 1265–1235 v. Chr.), der Bruder Muwatallis II., des Siegers von Kadeš (s. o. S. 4), kam nach Absetzung seines Neffen Muršili III. als Usurpator auf den Thron. Seine zweifellos bedeutendste außenpolitische Tat war der Friedensvertrag mit Ramses II. von Ägypten, der die Feindschaft zwischen den beiden Reichen beendete und den Grundstein für ein jahrzehntelanges, bis zum Ende des Großreiches währendes gutes, freundschaftliches Verhältnis legte. Dieser diplomatische Erfolg wurde noch durch die Heirat einer Tochter Ḫattušilis mit dem Pharao gekrönt. Beides war natürlich für die Konsolidierung der Großmachtstellung und das dadurch gesteigerte internationale Ansehen des hethitischen Reiches von hohem Wert.

Abb. 13 Berglandschaft mit Restwald bei Boğazkale (1965).

Abb. 14 Blick auf das Stadtgebiet von Ḫattuša von Osten.

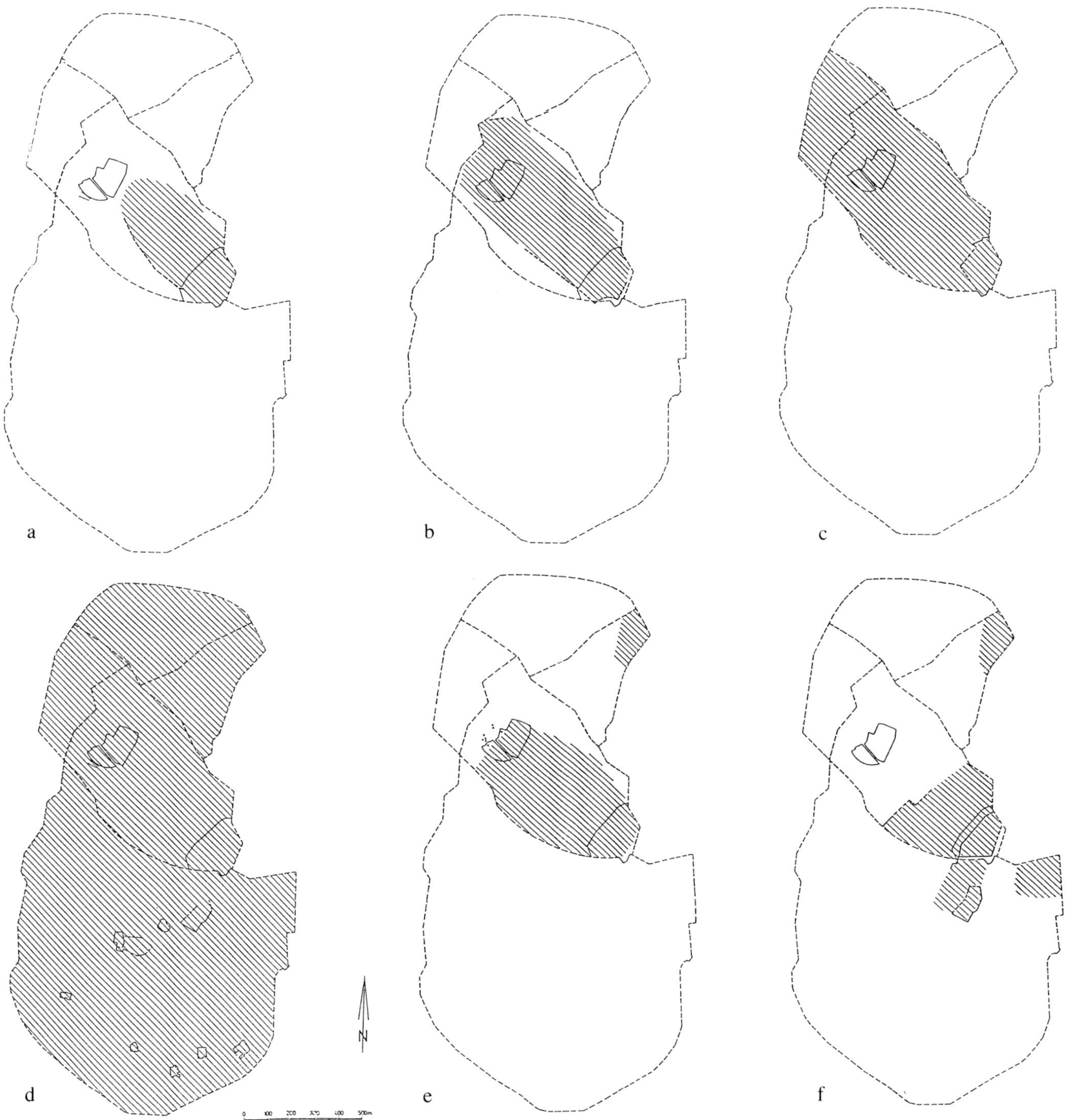

Abb. 15 Ḫattuša: a) in vorhethitischer Zeit; b) zur Zeit der altassyrischen Handelskolonien; c) in althethitischer Zeit; d) in der jüngeren Großreichszeit; e) in der älterphrygischen Periode; f) in der jüngerphrygischen Periode (vgl. auch Tabelle Abb. 239).

Abb. 16 Die Schlucht des Büyükkaya-Baches mit Blick auf Büyükkale.

Abb. 17 Blick von Ḫattuša auf die Ebene des Budaközü-Flusses.

Tutḫalija IV. (ca. 1235–1216 v. Chr.) zeichnete sich durch umfangreiche innere Reformen aus, die vor allem das Verwaltungs- und Kultleben des Reiches betrafen. Zahlreiche Monumente in der Hauptstadt und im Lande weisen ihn außerdem als engagierten Bauherrn aus. In der Außenpolitik mußte er allerdings eine Niederlage durch die Assyrer hinnehmen, die den Osten des Reiches bedrängten. Dazu war er innenpolitisch offenbar mit Machtkämpfen konfrontiert, die aus der illegalen Thronnahme seines Vaters resultierten.

Šuppiluliuma II. (ca. 1210–1190 v. Chr.) rühmte sich eigenen Berichten zufolge als Sieger einer Seeschlacht bei Cypern, die dem Schutz der Insel vor den Seevölkern galt. Auch scheint es ihm zunächst noch gelungen zu sein, die hethitische Vormachtstellung im Westen und Südwesten Anatoliens zu behaupten, wie sich einer neuentdeckten, von ihm verfaßten Inschrift entnehmen läßt (s. u. S. 72). Bedrohungen von außen und Zwiste im Innern sowie daraus resultierende wirtschaftliche Not führten aber dann dazu, daß offenbar während seiner Regentschaft das Reich zusammenbrach und die Hauptstadt in einer umfassenden Katastrophe zugrunde ging.

In den folgenden vier Jahrhunderten lag das Stadtgebiet verlassen da. Erst mit Beginn der phrygischen Periode, d. h. etwa ab Mitte des 8. Jhs. v. Chr., wurde es wieder besiedelt, und zwar in Form einer sich zunächst auf den Raum der hethitischen Altstadt einschließlich Büyükkales beschränkenden, später, in der jüngerphrygischen Periode, auch noch auf die Oberstadt übergreifenden kleineren, aber offenbar nicht unbedeutenden Residenz (Abb. 15e, f).

In hellenistischer und römischer Zeit (ca. 3. Jh. v. Chr. bis 3. Jh. n. Chr.) schrumpfte Ḫattuša zu einem kleinen, befestigten Herrensitz – wie einst in vorhethitischer Zeit – zusammen. Er löste sich schließlich in der byzantinischen Zeit in verstreute dörfliche Anwesen und Gehöfte auf.

Danach blieb das Gelände wüst und unbebaut. Heute ist es an seinem Nordrand mit den Häusern Boğazkales besetzt und dient im übrigen zum Teil noch seinen Einwohnern als Acker- und Gartenland; doch werden seitens des Deutschen Archäologischen Institutes mit Unterstützung der türkischen Regierung im Rahmen eines Nationalpark-Projektes umfangreiche Maßnahmen zur Erhaltung dieser einmaligen Ruinenstätte unternommen.

Entdeckungs- und Grabungsgeschichte bis zum Jahre 1978

Die Stadtruine von Ḫattuša wurde 1834 von Charles Texier auf seiner Forschungsreise durch Anatolien entdeckt und der wissenschaftlichen Welt in seinem Werk ‹Description de l'Asie Mineure› mit Plänen und Zeichnungen bekanntgemacht (Abb. 23, 24). Danach wurde der Ort von verschiedenen Forschern besucht. Archibald H. Sayce brachte ihn als erster mit dem hethitischen Reich in Verbindung – dessen Zentrum man damals allerdings noch in Syrien vermutete. Carl Humann, der 1882 zusammen mit Otto Puchstein nach Boğazköy kam, fertigte den ersten Gesamtplan an und stellte Gipsabgüsse von den Reliefs in Yazılıkaya her, die sich heute im Pergamon-Museum in Berlin befinden.

Bruchstücke von Keilschrifttafeln, die im Antikenhandel auftauchten und aus Boğazköy stammen sollten, veranlaßten Ernest Chantre 1893/94 zu ersten Testgrabungen im Stadtgebiet. 1905 reisten Theodor Makridi und Hugo Winckler nach Boğazköy und setzten die Testgrabungen fort. Weitere Fragmente, die dabei zutage kamen, führten dann in den nachfolgenden Jahren zu großangelegten Unternehmungen. Sie wurden von Hugo Winckler im Namen der Deutschen Orientgesellschaft (1906/07, 1911/12) und von Otto Puchstein im Namen des Deutschen Archäologischen Institutes (1907) betrieben und resultierten in der Entdeckung umfangreicher Archive von Keilschrifttafeln sowie der Bestandsaufnahme und Kartierung aller sichtbaren Baudenkmäler im Stadtgebiet. Durch den Fund einer Tontafel, die in Akkadisch, d. h. der damals für den internationalen diplomatischen Verkehr gebräuchlichen Sprache, verfaßt war und den Friedensvertrag zwischen Ḫattušili III. und Ramses II. von Ägypten zum Inhalt hatte, gelang außerdem der erste Nachweis, daß es sich bei dem Orte mit größter Wahrscheinlichkeit um die Hethiter-Hauptstadt handelte.

Damit waren auch der Anstoß und Ausgangspunkt für die weitere Erfor-

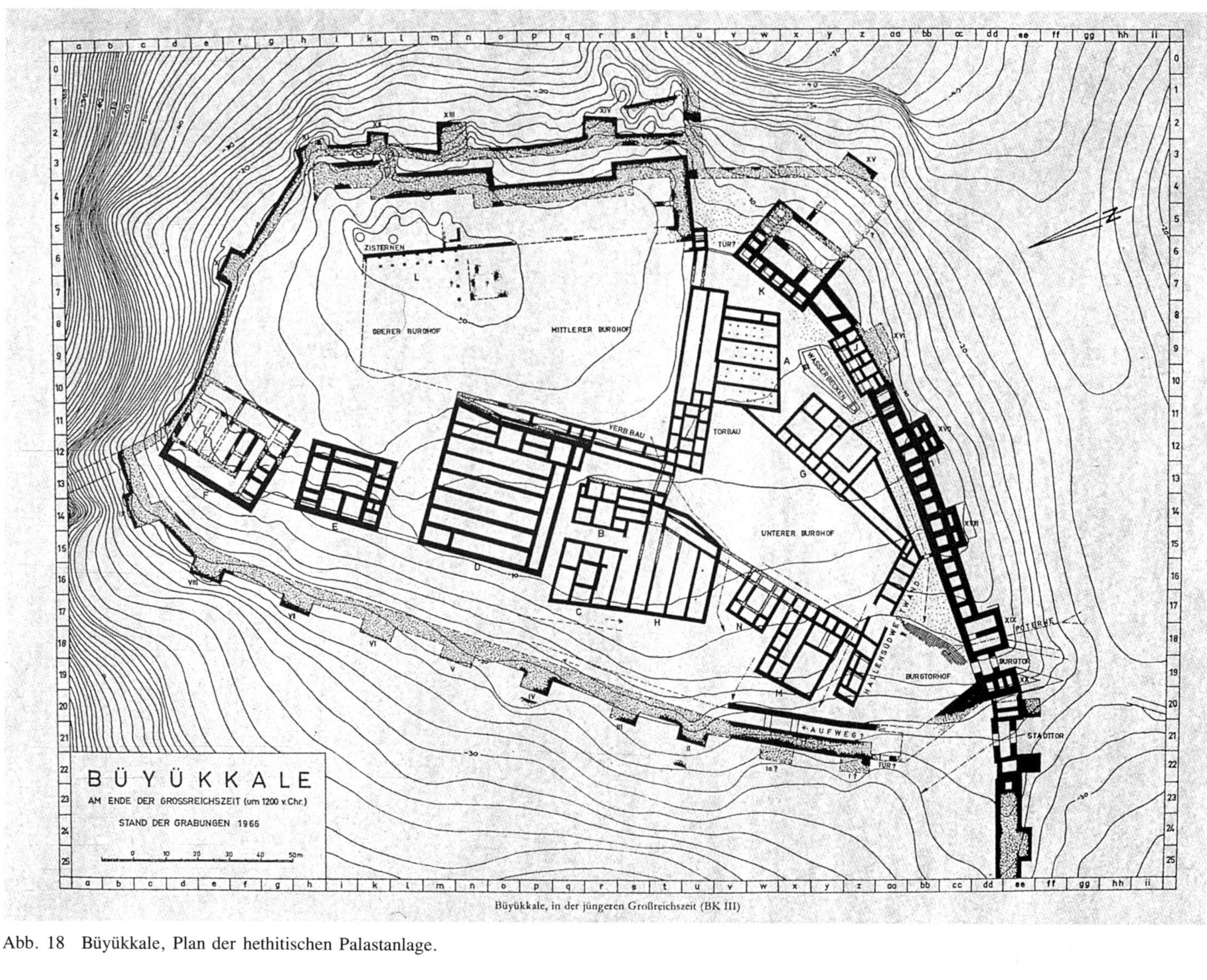

Abb. 18 Büyükkale, Plan der hethitischen Palastanlage.

Abb. 19 Luftaufnahme von Büyükkale mit den Resten des großreichszeitlichen Palastes (1988): Links unten das Haupttor der Burg (1) mit dem Sockel des alten Viaduktes (2). Daneben liegt das Stadttor (3) der Altstadtmauer. An das Haupttor schließt sich burgeinwärts ein kleiner Vorplatz (4) an, von dem aus der offizielle Weg zunächst in den kolonnadengesäumten Unteren Burghof (5), dann in den Mittleren Burghof (6) mit dem Archivgebäude (7) und der Audienzhalle (8) als eigentlichem Verwaltungszentrum führte. Der höchste und nördlichste Teil des Burgberges wird von dem Oberen Burghof (9) mit der privaten Residenz des Großkönigs (10, 11) eingenommen. Von der Ostseite des Vorplatzes (4) zweigt eine gepflasterte Gasse ab, die entlang der Burgmauer zu einem kleinen Kultbezirk (12) führt, in dessen Mitte ein künstlicher Teich liegt.

Abb. 20 Luftaufnahme von dem Großen Tempel (Tempel 1) in der Altstadt Ḫattušas (1988): An der Ostseite des Tempelkomplexes der Haupteingang (1). Gegenüber das sog. Haus am Hang (11), ein vermutlich zum Tempelbezirk gehörendes, besonderen Zwecken dienenden Gebäude. Im Zentrum des Tempelbezirks, von einer breiten, gepflasterten Straße und Magazinräumen (3) umgeben, das eigentliche, mit großem Innenhof ausgestattete Tempelgebäude (2). Jenseits einer breiten Straße (4) das sog. Südareal (5) mit weiteren Kult- und Wirtschaftsräumen sowie einer heiligen Quellgrotte (6). Die Straße führt durch ein Häuserviertel (10) zu dem Südtor (8) der sog. Abschnittsmauer (9), die das Viertel im Westen begrenzt. Am linken Bildrand die noch unausgegrabenen Reste der Hauptmauer (7), die den südlichen Abschluß der Unterstadt bildet.

Abb. 21 Blick auf Büyükkale im Schnee.

Abb. 22 Blick auf Tempel 1 und die Unterstadt.

Abb. 23 Yenicekale, Zeichnung von Charles Texier (nach K. Bittel, Die Hethither [1976] Abb. 5).

Abb. 24 Die Felsanlage von Yenicekale (1982).

schung des Ortes gegeben. Diese setzte – wieder im Namen der vorgenannten Institutionen – 1931 unter Kurt Bittel ein und wird seitdem, mit Ausnahme einer längeren, durch den Zweiten Weltkrieg bedingten Unterbrechung, Jahr für Jahr – seit 1978 unter Leitung des Verfassers – fortgesetzt. Die Finanzierung des Unternehmens erfolgt im Rahmen eines langfristigen Forschungsprogrammes mit Mitteln des Deutschen Archäologischen Institutes und – seit 1952 – der Deutschen Forschungsgemeinschaft.

Die Ausgrabungen betrafen bisher den Burgberg Büyükkale als den siedlungstopographischen Schwerpunkt und ältesten Siedlungsplatz im Stadtgebiet, wo außer den Überresten der hethitischen Palastanlage mit weiteren Tontafelarchiven vor allem auch eine durch zahlreiche Kulturschichten belegte Bebauungsabfolge vom 3. vorchristlichen bis in das 1. nachchristliche Jahrtausend nachgewiesen werden konnte (Abb. 18, 19, 21).

Weitere Untersuchungen galten dem Gebiet der sog. Unterstadt zu Füßen Büyükkales, wo der heilige Bezirk des Großen Tempels (Tempel 1), d. h. des größten und bedeutendsten Sakralbaus am Orte, sowie weite Bereiche der Stadtsiedlung freigelegt wurden, die aufschlußreiche Einblicke in die Entwicklung und Bebauungsweise der Altstadt vermittelten (Abb. 20, 22, 235, 236).

Erforscht wurden außerdem das Felsheiligtum Yazılıkaya (türk. ‹Beschriebener Fels›) vor den Toren im Norden der Stadt (Abb. 6, 25, 230–234) und ein kleiner, auf halbem Wege dorthin bei dem Felsmassiv Osmankayası entdeckter hethitischer Bestattungsplatz (Abb. 26).

Abb. 25 Yazılıkaya, Blick in die Kammer A.

Abb. 26 Das Felsmassiv von Osmankayası.

Die aktuellen Ausgrabungen in der Oberstadt

Seit 1978 konzentrieren sich die Unternehmungen der Boğazköy-Expedition auf die sog. Oberstadt von Ḫattuša, einem über 1 km^2 großen Stadtteil im Bergland südlich oberhalb der Altstadt, der während der letzten Stadterweiterung in der jüngeren Großreichszeit des 13. Jhs. v. Chr. entstand und als dessen Gründer wahrscheinlich Tutḫalija IV. verantwortlich zeichnet (Abb. 35). Im Gegensatz zu der organisch gewachsenen Altstadt Ḫattušas handelt es sich bei der Oberstadt um ein planmäßig angelegtes Neubauviertel, von dem bisher nur einzelne Objekte bekannt waren, die entweder – wie die Felsanlagen von Yenicekale (türk. ‹Neue Burg›) und Sarıkale (‹Gelbe Burg›) – bereits frei dastanden oder – wie die Ruinen der Tempel 2 bis 5 – oberflächlich so weit sichtbar waren, daß sie nur noch klärender Nachgrabungen bedurften. Ein gleiches betrifft auch die Stadtmauer, von der man vor allem die Tore eingehender untersucht hatte.

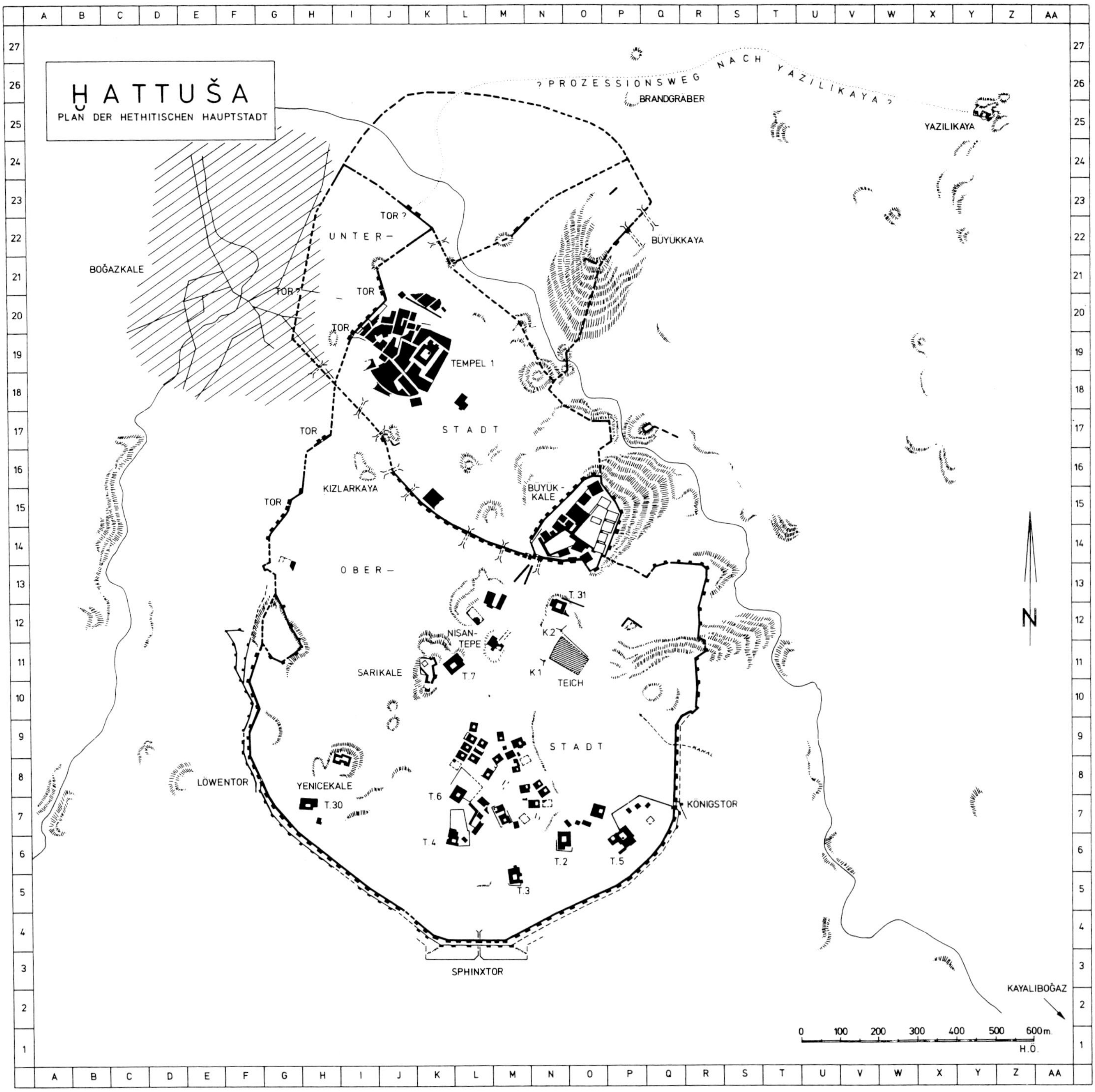

Abb. 27 Stadtplan von Ḫattuša zur Zeit des hethitischen Großreiches (13. Jh. v. Chr.).

Taf. I Die hethitische Palastruine Büyükkale.

△ Taf. II.1 Das Stadtgebiet von Ḫattuša. Am linken Bildrand Boğazkale.

▽ Taf. II.2 Der Große Tempel von Ḫattuša (1958).

△ Taf. III.1 Die Oberstadt von Ḫattuša.

▽ Taf. III.2 Die Unterstadt von Ḫattuša.

△ Taf. IV.1 Büyükkale.

▽ Taf. IV.2 Büyükkale (Mitte), Südburg und heiliger Teich (oben).

△ Taf. V.1 Oberstadt mit Tempel 5 (links), zentralem Tempelviertel (Mitte), Tempel 30 (rechts).

▽ Taf. V.2 Modell von Ḫattuša.

△ Taf. VI.1 Oberstadt, Tempel 5 und Königstor (am linken Bildrand).

▽ Taf. VI.2 Oberstadt, zentrales Tempelviertel.

△ Taf. VII.1 Oberstadt, unteres Westtor.

▽ Taf. VII.2 Oberstadt, der Felsaltar von Kızlarkayası.

Taf. VIII Unterstadt, der Große Tempel.

Abb. 28 Luftaufnahme von Ḫattuša mit Blick von Süden.

Das alles zusammen genügte jedoch nicht, um eine Vorstellung von diesem Stadtteil und seiner Funktion zu bekommen.

So wurden die Forschungen nunmehr auf weiträumige Flächengrabungen ausgedehnt, durch die bisher große Teile der südlichen und östlichen Oberstadt einschließlich ihres Anschlusses an Büyükkale erfaßt werden konnten. Sie bescherten eine Fülle bedeutender neuer Erkenntnisse. Demnach gibt es keine Zweifel mehr, daß weite Bereiche der Oberstadt nur für die Unterbringung von Tempeln und anderen Sakralanlagen bestimmt waren, in ihrer Gesamtheit also eine Kult- und Tempelstadt repräsentierten.

Die Stadtmauer und die ‹Heilige Straße›

Die Oberstadt wurde durch eine in weitem Bogen nach Süden ausgreifende Wehrmauer geschützt. Sie war ursprünglich als einfacher Mauerzug angelegt, den man aber später, nach einer umfassenden Zerstörung – von der offensicht-

Abb. 29 (oben) Die Osttreppe von der Bastion des Sphinxtores.

Abb. 30 (rechts oben) Blick von Osten auf den Stadtmauerwall und die Bastion des Sphinxtores.

Abb. 31 (rechts unten) Blick von Südwesten auf die Bastion des Sphinxtores.

Abb. 32 Das Königstor, Innenseite (nach O. Puchstein, Boghazköi. Die Bauwerke, WVDOG 19 [1912] Taf. 17).

Abb. 33 Das Sphinxtor nach der Freilegung 1907 (nach O. Puchstein, Boghazköi. Die Bauwerke, WVDOG 19 [1912] Taf. 12b).

Abb. 34 Tunneleingang unter dem Sphinxtor.

lich auch die Bebauung im Innern betroffen war – zu einem doppelten, nämlich aus Vor- und Hauptmauer bestehenden Befestigungsgürtel verstärkte. Er besaß fünf Tore: das auf einer mächtigen, alles überragenden Bastion gelegene Sphinxtor am südlichsten und höchsten Punkt der Stadt, das Königstor im Südosten, das Löwentor im Südwesten sowie das sog. Obere und Untere Westtor im Nordwesten (Abb. 27, 28).

Davon sind das Königstor am Ostende und das Löwentor am Westende des südlichen Mauerbogens spiegelgleich geplant, außerdem in etwa gleicher Distanz zu dem Sphinxtor gelegen, somit also deutlich symmetrisch darauf bezogen. Alle drei Tore zeichnen sich überdies durch ihren Reliefschmuck aus. Beides weist zweifellos auf ihre besondere Stellung im Rahmen der Stadtbefestigung hin. Offenbar hatten sie die Funktion von Prozessionstoren für einen heiligen Weg, der außerhalb der Stadtmauer um die südliche Oberstadt verlief.

Diese ‹Heilige Straße› verließ die Stadt am Königstor und führte, dem Fuße des Stadtmauerwalles folgend, zur Bastion des Sphinxtores, das man über einen steilen Treppenaufgang an der Ostflanke erreichte (Abb. 29, 30, 32). Von dort setzte er sich über eine zweite Treppe an der Westseite der Bastion bergab in Richtung auf das Löwentor fort, wo er wieder in das Stadtgebiet einmündete (Abb. 31, 36).

Dabei ist die Marschrichtung von Osten nach Westen durch den Standort der Reliefs an der Innenseite des Königstores bzw. an der Außenseite des Löwentores deutlich aufgezeigt. Das eigentliche Ziel des Prozessionsweges aber bildete, wie man nicht nur seiner zentralen Lage, sondern auch seiner aufwendigen Gestaltung entnehmen kann, die vielleicht von ägyptischen Vorbildern inspirierte pyramidenförmig aufragende Bastion mit dem sowohl an seiner Außen- als auch Innenseite reliefgeschmückten Sphinxtor (Abb. 33, 34, 43). Hierin ein Verteidigungsbollwerk zu sehen, wie sowohl in wissenschaftlichen Werken als auch in Reiseführern immer wieder zu lesen ist, verbietet allein die Existenz der Freitreppen und außerdem die Tatsache, daß der Ausgang des Tunnels in der Eigenschaft als Ausfalltor einer Poterne (Abb. 227) zumindest zur Zeit der ersten Stadtmauerperiode eines wirksamen Flankenschutzes entbehrte, den man dann durch die Anlage der Vormauer anscheinend zu verbessern suchte. Abgesehen davon findet sich in dem Zusammenhang auch für die Funktion des reichgeschmückten Sphinxtores keine plausible Erklärung.

Die Bronzetafel vom Sphinxtor

Zwar kein Beweis, wohl aber ein Hinweis auf die kultische Bedeutung der Toranlage dürfte durch einen sensationellen Fund gegeben sein, der – kaum 30 m von dem Sphinxtor entfernt – vor der Innenfront der Stadtmauer überraschend zutage kam (Abb. 43). Es handelt sich um eine Bronzetafel von 35 x 24 cm Kantenlänge, in die beidseitig ein Keilschrifttext eingemeißelt ist (Abb. 38, 39, 45, 46). Zwei durch die Öffnungen in den – von der Rückseite her gesehen – unteren Ecken gesteckte, in Drahtschlaufen endende Ketten dienten einst offenbar zum Befestigen von zwei Siegelkapseln, da nach Aussage des Textes die Tafel mit den Siegeln des Wettergottes und der Sonnengöttin gesiegelt war.

Die Tafel lag in einer Grube unter dem Steinpflaster des Prozessionsweges. Man hatte sie dort, den Fundumständen nach zu urteilen, noch vor der Zerstörung der alten Stadtmauer und nach Entfernung der Siegel – also außer Kraft gesetzt – begraben. Der Textinhalt betrifft einen Staatsvertrag. Er ist von dem Großkönig Tuthalija IV. verfaßt. Als Vertragspartner wird der König Kurunta von der Stadt Tarhuntašša genannt. Dabei handelt es sich um einen Ort, der im südwestlichen Anatolien zu lokalisieren ist und unter der Regentschaft des Großkönigs Muwatalli II. – den wir bereits im Zusammenhang mit der Schlacht von Kadeš kennenlernten (s. o. S. 4) – vorübergehend als Hauptstadt des Hethiter-Reiches fungiert hatte. Muwatalli aber ist der Vater Muršilis III., der bekanntlich von seinem Onkel, Ḫattušili III., vom Throne vertrieben wurde.

Aus dem Text, der sich unter Betonung des freundschaftlichen Verhältnisses zwischen den beiden Partnern mit der Festlegung der Landesgrenzen Tarhuntaššas sowie mit den Rechten und Pflichten Kuruntas befaßt, geht deutlich hervor, daß es sich bei dieser Person um einen (vermutlich jüngeren) Bruder Muršilis handelt. Das besagt aber auch zugleich, daß Kurunta einen legalen Anspruch auf den Thron in Ḫattuša besaß. Tuthalija, also dessen Cousin, andererseits jedoch der Sohn des Usurpators Ḫattušili, war sich dieser Tatsache sehr wohl bewußt; denn in einem besonderen Paragraphen warnt er Kurunta ausdrücklich davor, einen solchen Anspruch zu erheben.

Wie recht Tuthalija mit seiner Vorahnung hatte, bestätigen andere hethitische Dokumente: Bruchstücke großer, vermutlich von Gefäßverschlüssen stammender Tonklumpen, die nur wenige Wochen nach dem Fund der Bronzetafel in dem nahe gelegenen Tempel 3 zutage kamen, sowie zwei kegelförmige, einst mit Urkunden verbundene Tonbullen aus einem neuentdeckten Archiv bei Nişantepe (Abb. 40–42; s. u. S. 52 ff.). Sie alle tragen die Abdrücke eines *Großkönigs* Kurunta mit der sog. großen Kartusche, die sonst nur bei den Siegeln der drei letzten Herrscher in Ḫattuša – Tuthalija IV., Arnuwanda III. und Šuppiluliuma II. – belegt ist (s. chronologische Übersicht Abb. 238). Dadurch dürfte bezeugt sein, daß es Kurunta trotz der Warnung offenbar gelang, sich des Thrones in Ḫattuša zu bemächtigen und sich die Großkönigswürde zuzulegen. Allerdings scheint es nur ein kurzes Interregnum gewesen zu sein, das während der Regierungszeit Tuthalijas IV. oder danach anzusetzen ist.

Bezieht man diese sicherlich nicht friedvoll abgelaufene Episode auf den Grabungsbefund in der Oberstadt, so ist es nicht ausgeschlossen, daß die ersten Zerstörungen an der Stadtmauer und der Bebauung im Innern mit dem Auftreten Kuruntas in Ḫattuša zusammenhängen, was überdies auch der Fundort der Bronzetafel bestätigen hilft; denn kein anderer als Kurunta selbst wird nämlich daran interessiert gewesen sein, den Vertrag, der ihn zum Vasallen Tuthalijas stempelte, durch Entfernung der Göttersiegel zu entwerten und demonstrativ an einer so bedeutenden Stätte wie dem Sphinxtor zu vergraben.

Die Zerstörungen wird man dann angesichts der Fundlage der Bronzetafel vermutlich als Folge der Kämpfe anläßlich der Wiedereinnahme von Stadt und Thron

Abb. 35 Blick auf das Gelände der Oberstadt von Ḫattuša.

Abb. 36 Das Löwentor, Außenseite.

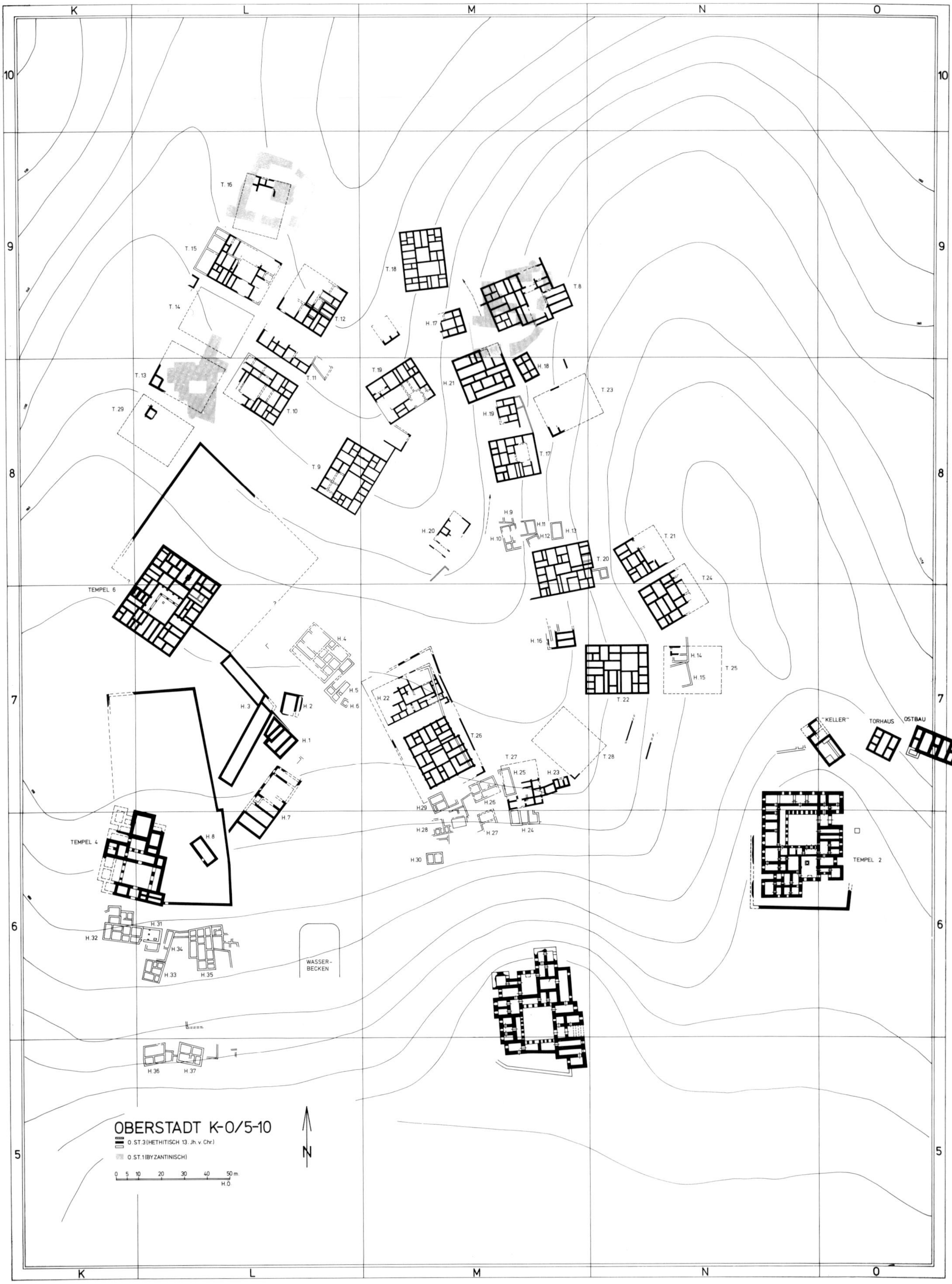

Abb. 37 Plan des zentralen Tempelviertels.

Abb. 38 Vorderseite der hethitischen Bronzetafel.

Abb. 39 Rückseite der hethitischen Bronzetafel.

durch Tutḫalija oder einen seiner beiden Nachfolger verstehen dürfen – wofür außerdem auch der danach offenbar rasch einsetzende und noch großartiger angelegte Wiederaufbau der Oberstadt spricht. Wie jedoch der unfertig gebliebene Zustand der Stadtmauer, aber auch der Bebauung im Innern zeigt, wurde die Vollendung dieses gewaltigen Projektes, das nur mit einem großen Aufwand an Menschen und Material zu verwirklichen war, nie erreicht.

Die Bebauung im Innern der Oberstadt

Wie sich der Planskizze (Abb. 27, 44) entnehmen läßt und jedem sichtbar vor Augen tritt, der seinen Blick vom Sphinx-

Abb. 40. 41 Tonbullen mit Siegelabdrücken des Großkönigs Kurunta vom Westbau, Nişantepe.

Abb. 42 Tonbulle mit Siegelabdruck des Großkönigs Kurunta von Tempel 3.

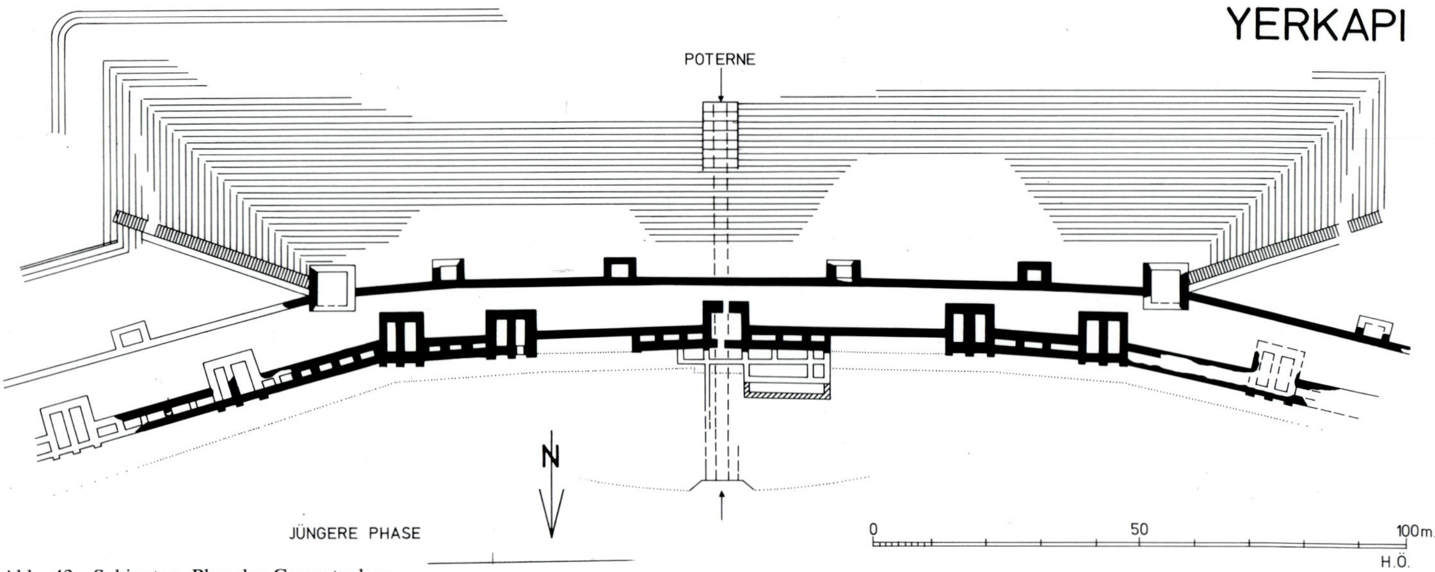

Abb. 43 Sphinxtor, Plan der Gesamtanlage.

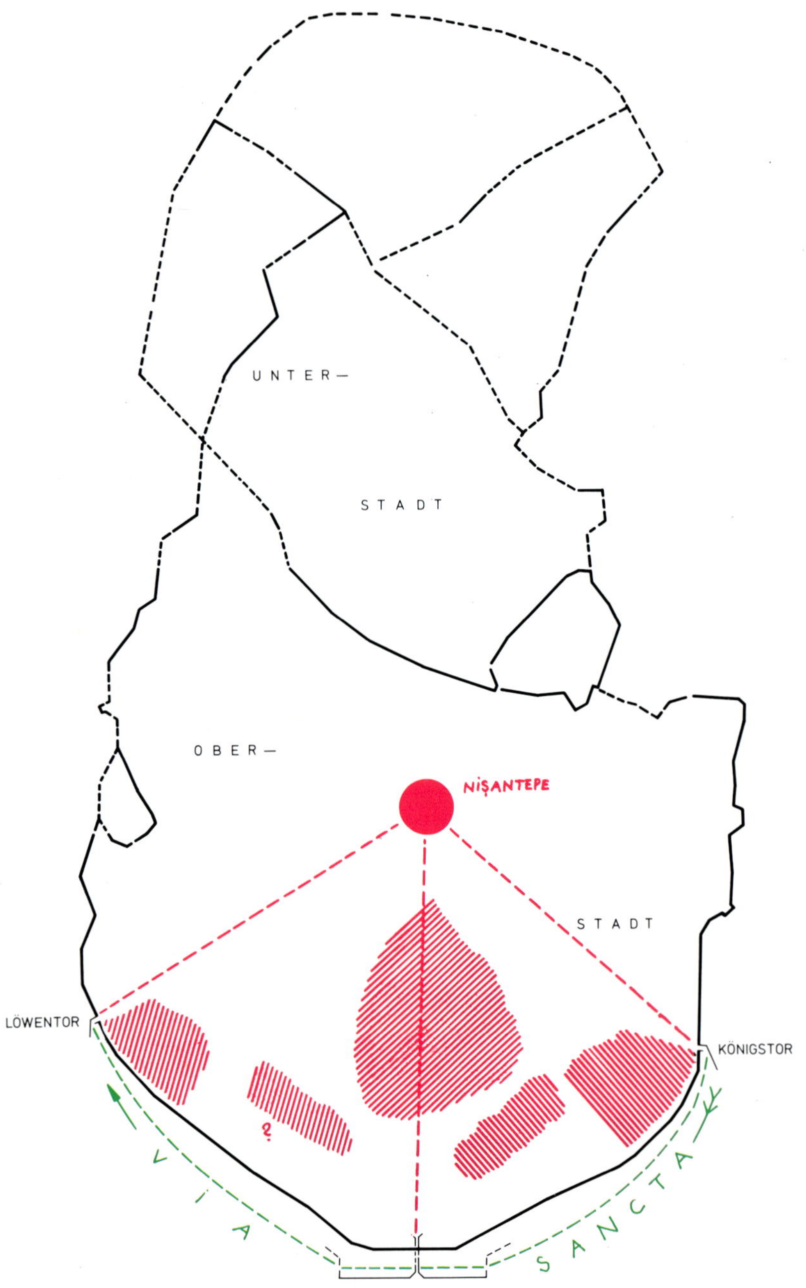

Abb. 44 Schematischer Plan von dem Arrangement der hethitischen Bebauung in der Oberstadt und dem Verlauf der Prozessionsstraße *(via sancta)*.

tor über das Stadtgebiet schweifen läßt, war die Bebauung im Innern mit ihrem Layout auf das symmetrische Arrangement der drei Tore im südlichen Stadtmauerbogen bezogen, und zwar deutlich unter Ausnutzung und Einbeziehung der natürlichen topographischen Situation. Demzufolge ist der südliche Teil der Oberstadt gemäß den drei Toren in drei Sektoren gegliedert: in ein zentrales Viertel zu Füßen der Bastion des Sphinxtores sowie in einen östlichen und einen westlichen, dem Königstor bzw. Löwentor benachbarten Bezirk, denen sich mit größerem Abstand noch weitere Komplexe anschlossen.

Auch der nördliche Teil der Oberstadt war in dieses System einbezogen, und zwar mit dem vor den Toren des Königspalastes Büyükkale gelegenen, Nişantepe (türk. ‹Zeichenfels›) genannten Felsmassiv. Dieses liegt nämlich nicht nur in der durch das Sphinxtor und dessen Tunnel vorgezeichneten Achse, sondern auch in ihrem Schnittpunkt mit der Achse des Löwentores, und es gibt kaum Zweifel, daß auch die Achse des Königstores trotz ihrer abweichenden Ausrichtung entsprechend gedacht war.

Von Nişantepe führten drei Verkehrswege in die südliche Oberstadt: ein südöstlicher zum Königstor und zu dem davor gelegenen Tempelbezirk, ein südlicher in das zentrale Tempelviertel und ein südwestlicher Richtung Löwentor und zu dem dort anschließenden Tempelbezirk. Den außerhalb dieser Bereiche verbleibenden nordöstlichen und nordwestlichen Teil der Oberstadt scheint man weder in dieses Verkehrssystem noch in das symmetrische Plankonzept einbezogen zu haben. Der nordöstliche Teil war durch einen eigenen Zuweg

Abb. 45 Detail der hethitischen Bronzetafel mit Aufhängung.

Abb. 46 Sphinxtor, hethitische Bronzetafel in Fundlage.

direkt mit dem Palast auf Büyükkale verbunden, während der mit zwei Stadttoren, dem bereits erwähnten Oberen und Unteren Westtor (s. o. S. 18), ausgestattete Nordwestteil anscheinend an die Unterstadt gekoppelt war.

Die Bebauung vollzog sich in drei Phasen: einer ersten, die mit der ersten Anlage der Stadtmauer zeitgleich ist (Periode Oberstadt = O.St. 4), einer zweiten, mit der nach erfolgter Zerstörung der Wiederaufbau und endgültige Ausbau der Oberstadt einsetzte (Periode O.St. 3), und einer dritten, die unter Auflassung vorhandener Bausubstanz stellenweise mit einer profanen Neubebauung vertreten ist (Periode O.St. 2). Die Periode O.St. 1 betrifft nachhethitische, d. h. phrygische und byzantinische Bauaktiviäten.

Abb. 47 Das zentrale Tempelviertel in der südlichen Oberstadt während der Ausgrabung (1986).

Das zentrale Tempelviertel

Architektur

Das Viertel liegt in einer ausgedehnten, kesselartig abgeschlossenen Senke, die sich von der Bastion des Sphinxtores nordwärts bis zu den Felsen von Nişantepe und Sarıkale erstreckt (Abb. 37, 47). Das Gebiet wurde durch eine rings um die Senken führende Straße erschlossen, an der sich die Bebauung zu beiden Seiten aufreihte, während das Zentrum ursprünglich weitgehend unbebaut blieb. Von der Straße waren nur noch im Ostabschnitt spärliche Reste des Pflasters und der Kanalisation vorhanden; im übrigen läßt sich ihre Trasse lediglich aus dem Arrangement der Bebauung rekonstruieren.

Abb. 48 Blick auf die Ruinen des Tempels 7 und Sarıkale.

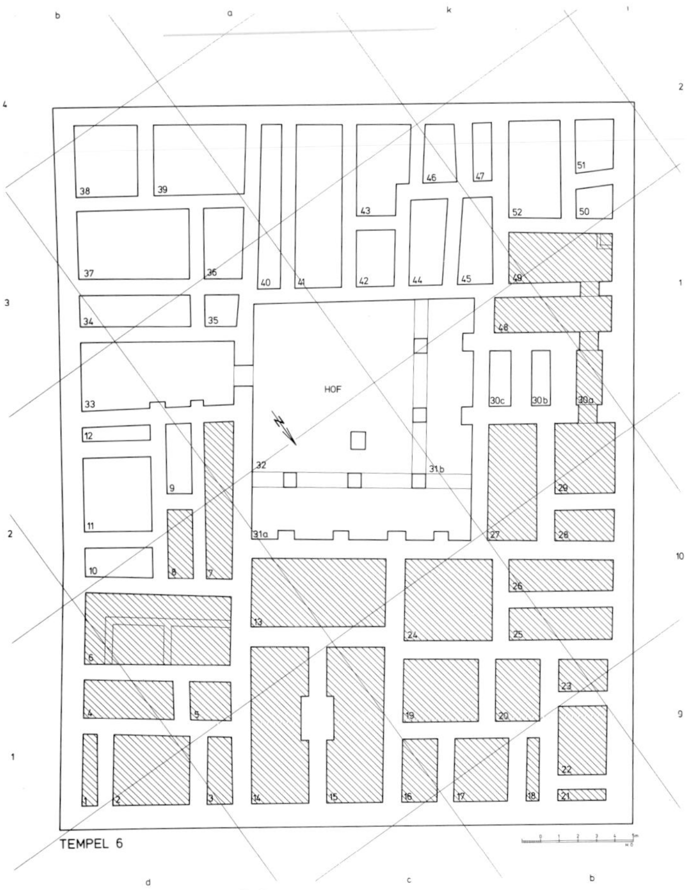

Abb. 49 Plan von Tempel 6.

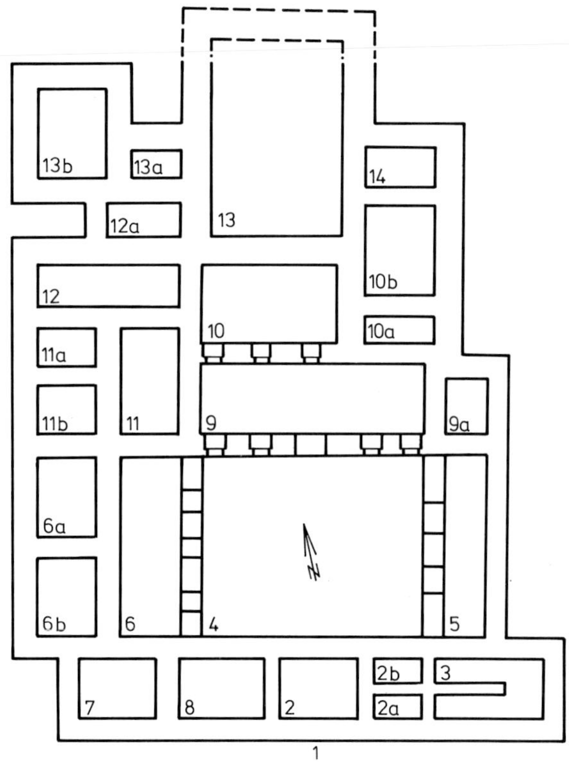

Abb. 50 Plan von Tempel 4.

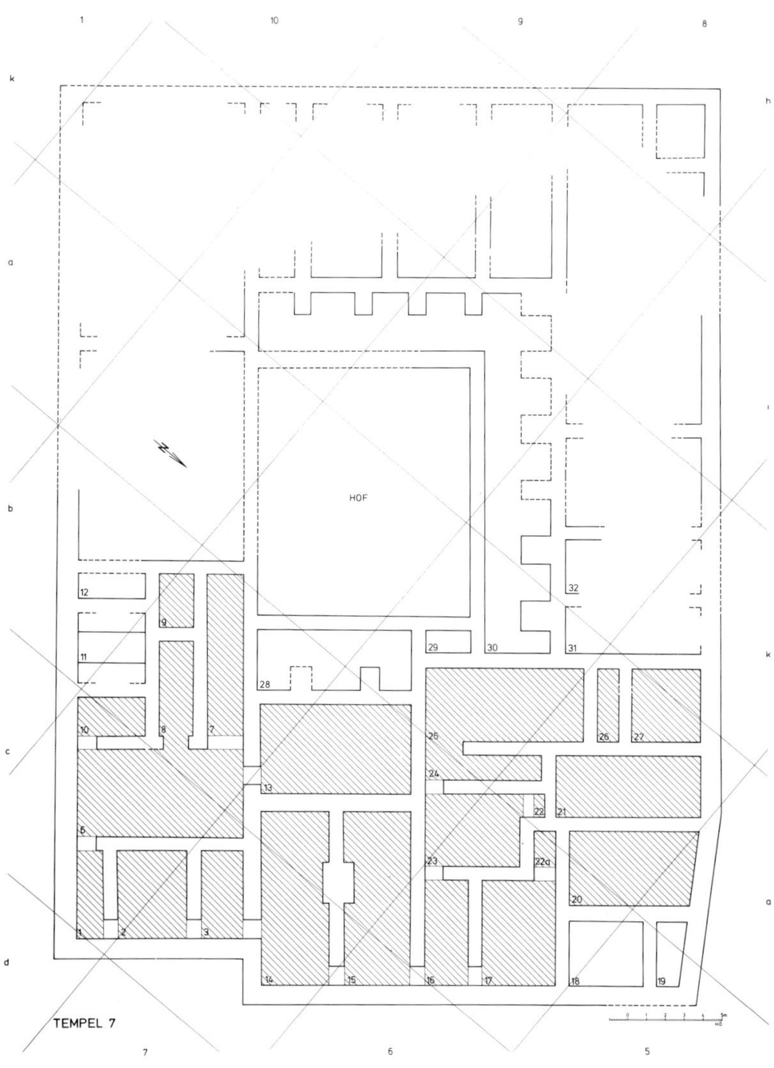

Zur Zeit der ersten Bauphase (O.St. 4) war das Viertel offenbar nur mit einem einzigen Heiligtum, dem Tempel 4, besetzt. In der zweiten Phase (O.St. 3) folgten dann weitere Anlagen, von denen bisher insgesamt 24 – Tempel 6 bis 29 – in mehr oder weniger gutem Erhaltungszustand freigelegt werden konnten. Angesichts mancher durch Erosionen und Steinraub entstandener Baulücken sowie der noch nicht ausgegrabenen Flächen im Norden des Viertels darf man – unter Voraussetzung gleichbleibender Bebauungsdichte – annehmen, daß die Zahl der Tempel ursprünglich bedeutend höher lag.

Einigen Tempeln schlossen sich ummauerte Bezirke an, in denen zum Teil noch weitere Gebäude untergebracht waren. Andere besaßen, nach dem Beispiel des Felsheiligtums von Yazılıkaya, gesonderte kleine Torhäuser. Die meisten Tempel lagen dagegen enger zusammengedrängt, doch immer mit so viel Abstand, daß ihr Charakter als Einzelbau gewahrt blieb.

Trotz unterschiedlicher Ausmaße, die zwischen 1200–1500 m^2 bei den größeren und 400–600 m^2 bei den kleineren Anlagen variieren, zeigen sich alle Tem-

Abb. 51 (links) Plan von Tempel 7.

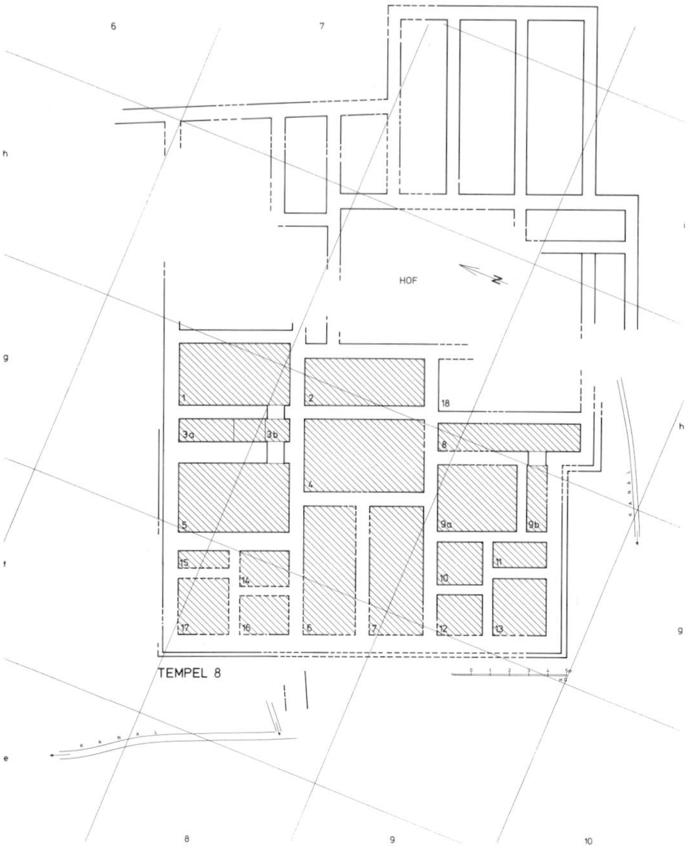

Abb. 52 Plan von Tempel 8.

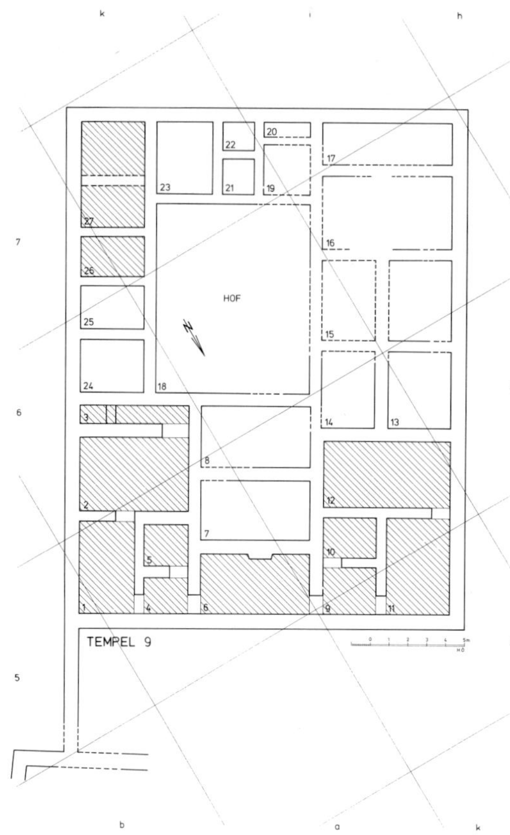

Abb. 53 Plan von Tempel 9.

pel bemerkenswert einheitlich geplant und konstruiert (Abb. 48–64, 73). Als allgemein verbindliches Kennzeichen für den Plan haben der Innenhof und die von dort aus zugängliche, aus schmaler Vorhalle und tiefem Hauptraum bestehende Kultraumgruppe zu gelten. Diese liegt jeweils an der talwärts weisenden Schmalseite der in der Regel oblongen Bauten, ist also nicht an eine bestimmte Himmelsrichtung gebunden. Bei den jüngeren Tempeln steht sie immer mit einem ausgedehnten Hanggeschoß in Verbindung, das man darunter als Substruktion und Wirtschaftskeller angelegt hatte (im Plan schraffiert).

Außer dem Hof und der Kultraumgruppe gibt es noch andere Räume bzw. Raumtrakte, die typische Bestandteile der

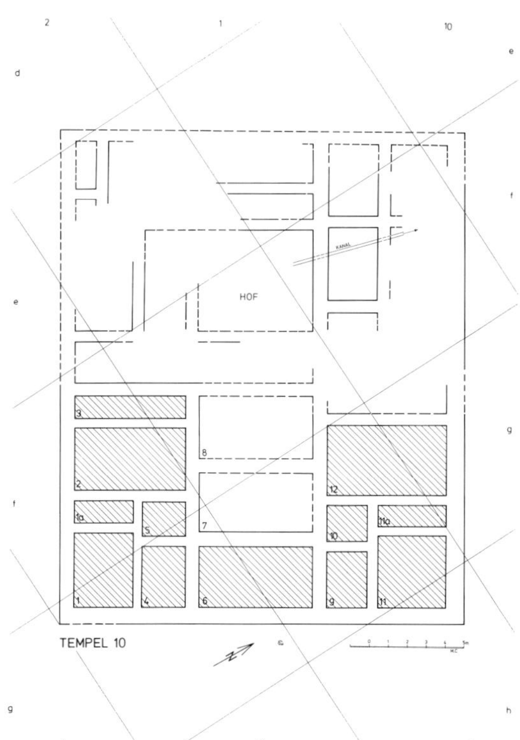

Abb. 54 Plan von Tempel 10.

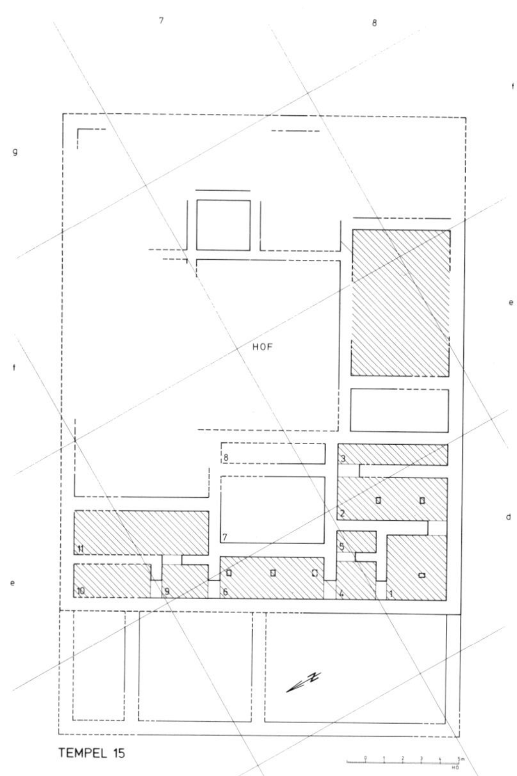

Abb. 55 Plan von Tempel 15.

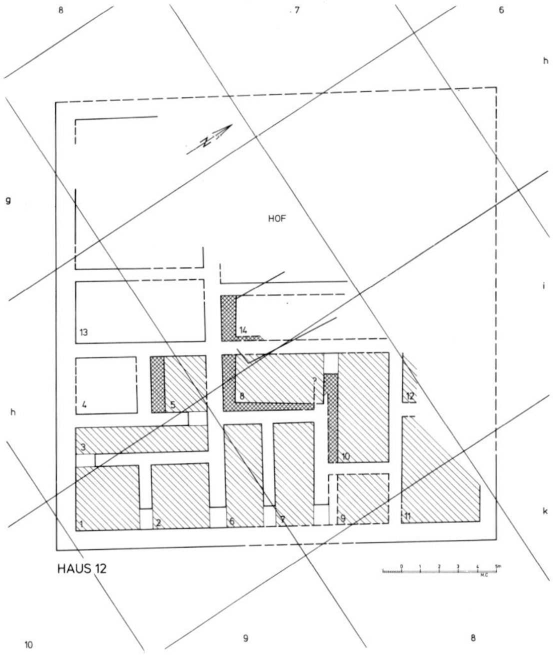

Abb. 56 Plan von Tempel 12.

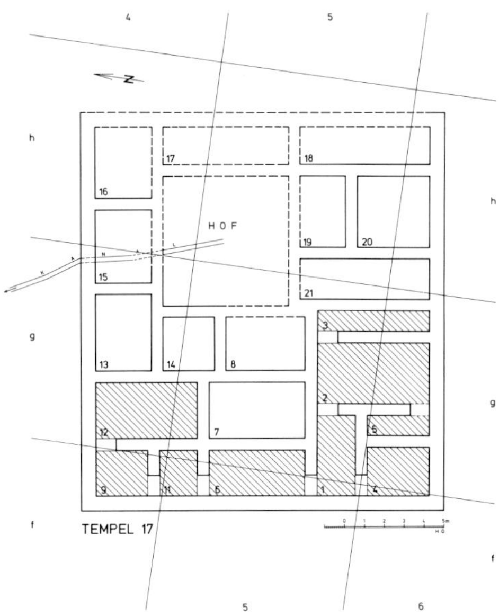

Abb. 57 Plan von Tempel 17.

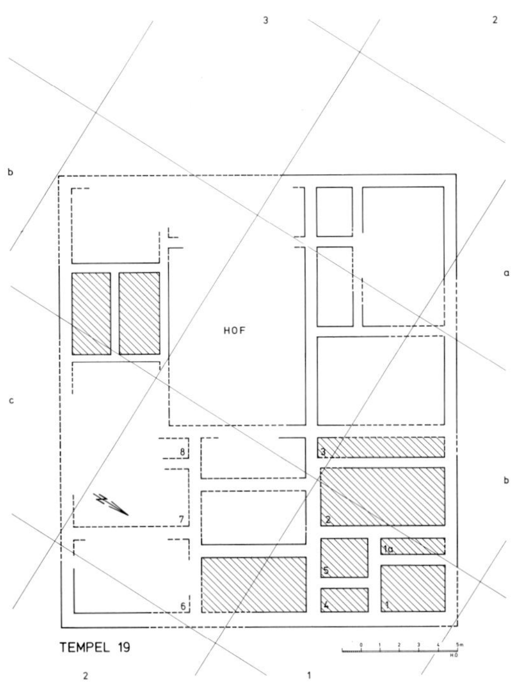

Abb. 58 Plan von Tempel 19.

Tempel bilden, jedoch nicht überall und in gleicher Zahl vertreten sind, was aber im wesentlichen von der Größe der Bauten abhängt. Dabei lassen sich gewisse Unterschiede zwischen dem älteren Tempel 4 und den jüngeren Anlagen verzeichnen. Auffallend sind in dem Zusammenhang auch die Abweichungen in der äußeren Kontur der Grundrisse, die bei Tempel 4 – wie auch bei den gleich alten Tempeln 2 und 3 (s. u. S. 39 f.) – durch Heraushebung einzelner Raumgruppen in Vor- und Rücksprünge gegliedert, bei den jüngeren Tempeln dagegen zu einem geschlossenen Rechteck reduziert sind.

Zur Konstruktion der Tempel ist festzustellen, daß die Mauerfundamente allgemein aus Bruchsteinen, die Sockel dagegen aus besser bearbeiteten Hau- oder Werksteinen bestehen. Tempel 4 zeichnet sich durch kolossale Mauerquader aus, die talwärts einst in mehreren Lagen zu einem 3 m hohen, heute eingestürzten Sockel aufgeschichtet waren. Die aufgehenden Wände hatte man, den erhaltenen Resten nach zu urteilen, in einer Art Fachwerkbauweise errichtet. Das heißt, sie besaßen ein nach einheitlichem Schema bemessenes und gefügtes Skelett aus vertikalen und horizontalen, aber nur noch an den Mauerlücken kenntlichen Balken, wobei als Füllung Bruchsteine oder luftgetrocknete Lehmziegel Verwendung fanden (Abb. 74). Wie sich an einigen jüngeren Anlagen nachweisen ließ, waren die hethitischen Baumeister offenbar bestrebt, das Konstruktionsschema auf der Basis eines allen Bauten gemeinsamen Modulrasters festzulegen, wodurch sich der Bauvorgang natürlich wesentlich vereinfachte und auch dementsprechend schneller bewerkstelligen ließ.

Die praktisch unserem heutigen Fachwerkbau entsprechende Konstruktion scheint auch die äußere Gestaltung der Tempel bestimmt zu haben. Beweise dafür gibt es zwar nicht aus der vorhandenen Bausubstanz, die sich gewöhnlich nur auf die Gebäudefundamente und -sockel beschränkt, wohl aber anhand hethitischer Hausmodelle aus Ton und aufgrund der Aussage von Reliefgefäßen mit Architekturdarstellungen (Abb. 76). Aus beiden Quellen geht deutlich hervor, daß man statische Bauteile nicht nur sichtbar ließ, sondern auch noch durch Mauervorlagen und Bemalung plastisch bzw. farbig betonte. Überhaupt scheint sich die ganze Architektur einst farbenfroher dargestellt zu haben, als ihr heutiger Zustand erahnen läßt. Das betrifft auch die Ausgestaltung des Innern, wie Reste von Wandmalereien bezeugen, die im Schutt der Tempel vorgefunden wurden (Abb. 75).

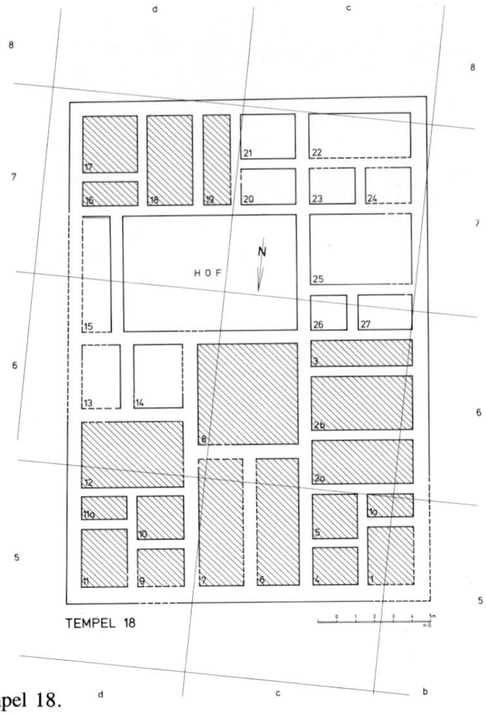

Abb. 59 Plan von Tempel 18.

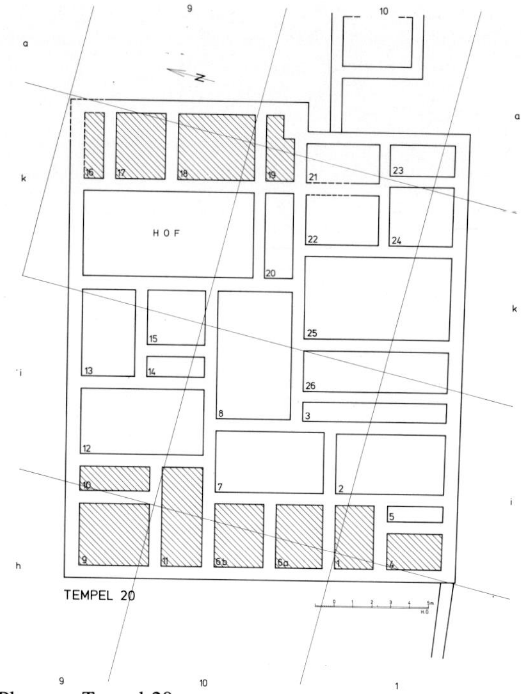

Abb. 60 Plan von Tempel 20.

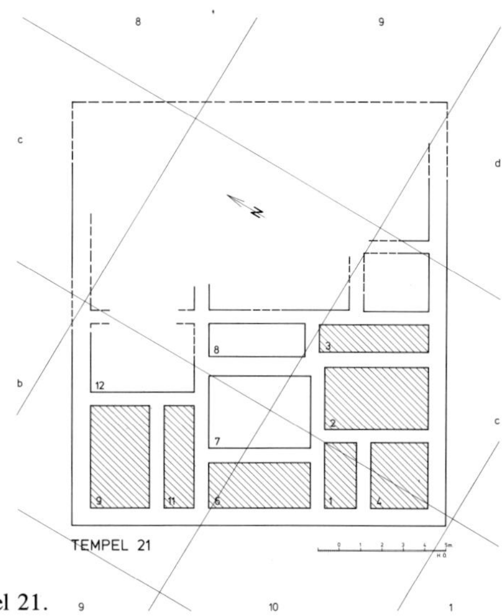

Abb. 61 Plan von Tempel 21.

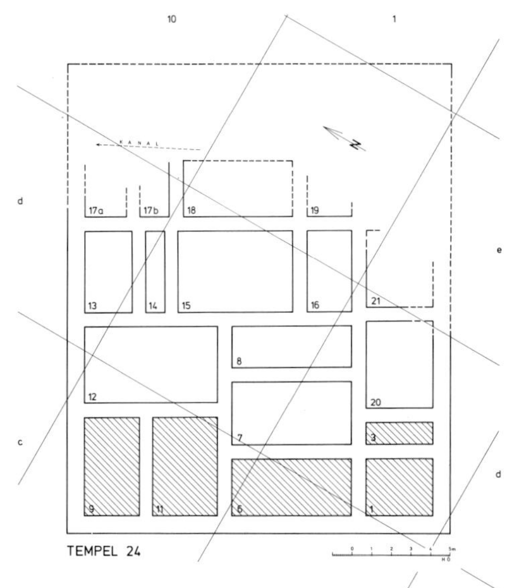

Abb. 62 Plan von Tempel 24.

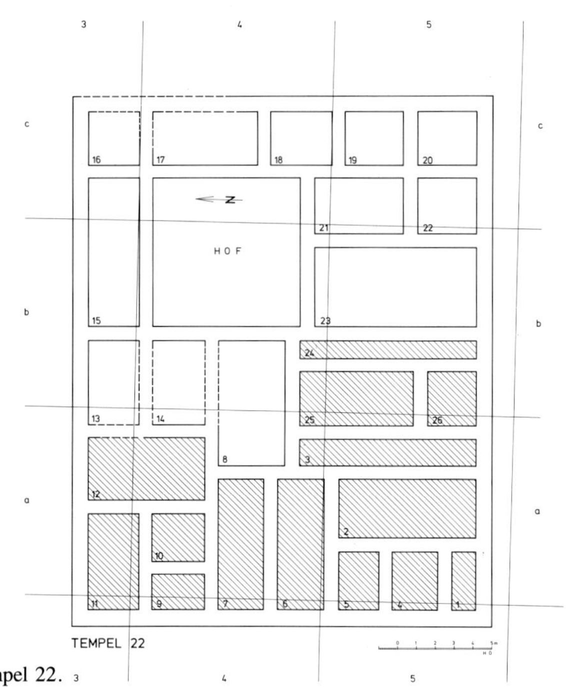

Abb. 63 Plan von Tempel 22.

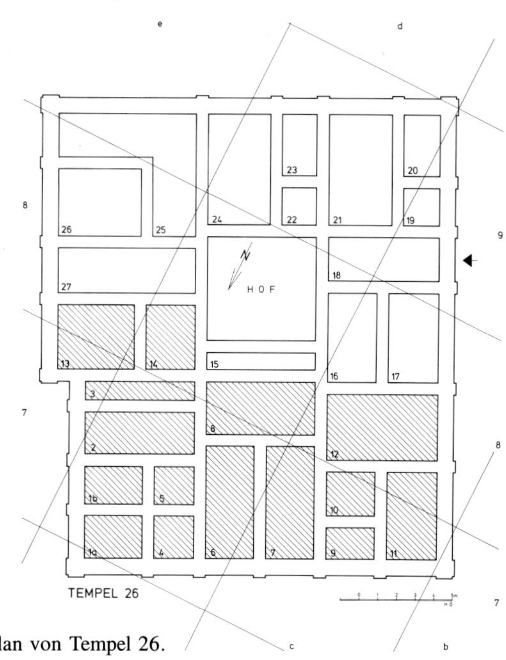

Abb. 64 Plan von Tempel 26.

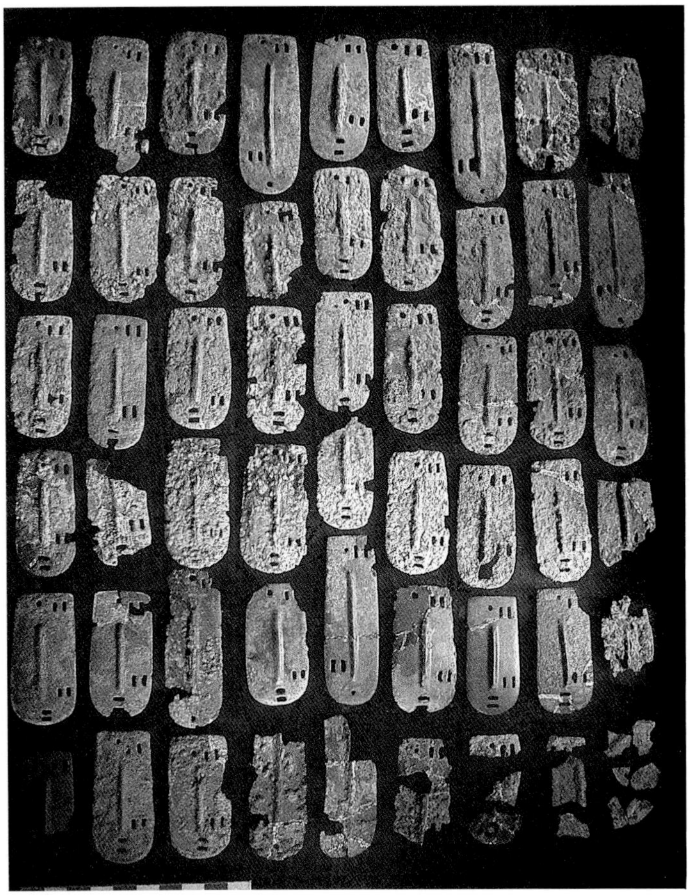

Abb. 65 Bronzene Panzerplättchen aus Tempel 9.

Abb. 66 Miniaturgefäße aus Tempel 8.

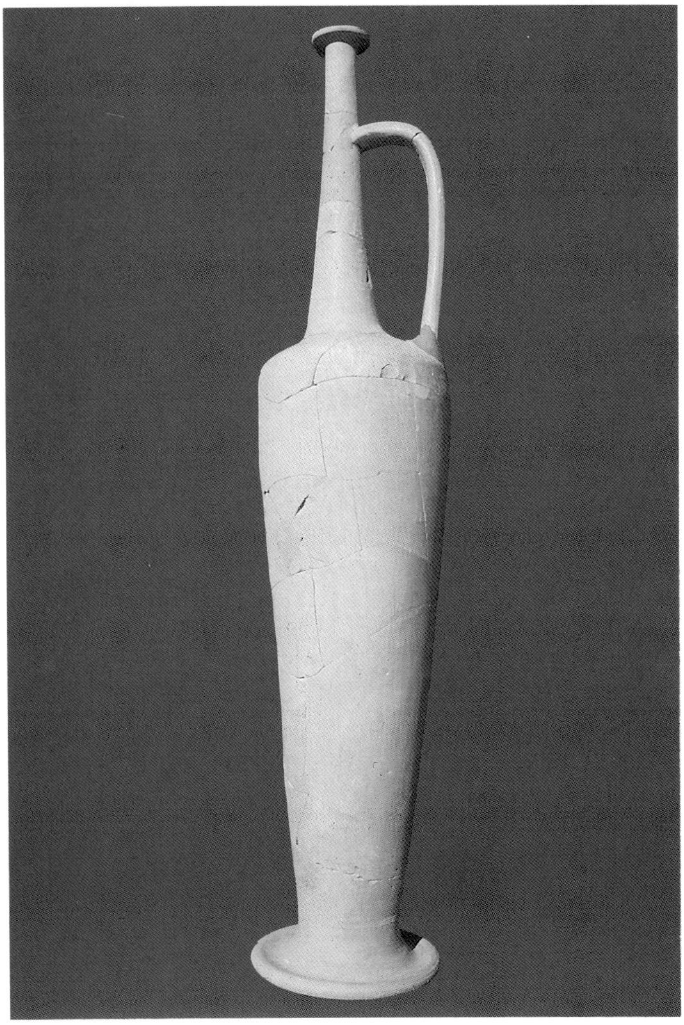

Abb. 67 ‹Spindle Bottle› aus Tempel 12.

Abb. 68 Fragmente eines Altars in Turmform aus Tempel 26.

Abb. 69 Bronzener Dreifachmeißel aus Tempel 26.

Das Inventar der Tempel

Einheitlich wie der Plan und die Konstruktion zeigte sich auch das Inventar, denn es ist in allen Tempeln mit denselben Gattungen vertreten. Nur die Anzahl der Objekte variiert, was natürlich mit dem unterschiedlichen Erhaltungszustand, aber auch mit der unterschiedlichen Größe der Bauten zu erklären ist. Grob sortiert, läßt sich das Inventar auf fünf Gruppen verteilen: Gebrauchskeramik, Gebrauchsgerät, Waffen, Gegenstände kultischer Funktion und inschriftliche Dokumente.

Bei der Gebrauchskeramik handelt es sich vorwiegend um einfaches Küchengeschirr, das in der letzten Phase (O.St. 2) – wie wir noch sehen werden (s. u. S. 32 f.) – am Orte selbst hergestellt wurde (Abb. 71, 72). Entsprechend verhält es sich auch mit dem Gebrauchsgerät und den Waffen.

An Gebrauchsgerät gibt es vor allem kleinere Utensilien aus Bein oder Bronze in Form von Nadeln, Pfriemen, Sticheln u. ä. Größeres Gerät ist durch Messer und Sicheln, Beile und Meißel vertreten. Als erstmals im Alten Orient belegtes Unikat sei hier ein aus drei Meißeln kombiniertes Bronzewerkzeug vorgestellt (Abb. 69). Es ermöglicht sprichwörtlich ‹im Handumdrehen› drei verschiedene Arbeitsgänge und könnte z. B. als Schreibgriffel zum Beschriften von Metalltafeln ähnlich der oben vorgestellten Bronzeurkunde gedient haben. Besondere Beachtung verdient auch die Bronzeklinge eines Dechsels eindeutig ägyptischer Herkunft, die auf die Tätigkeit nordsyrisch/ägyptischer ‹Gastarbeiter› in Ḫattuša hinweist (Abb. 70). Auf jeden Fall zeigen alle Geräte deutlich, daß in den Tempeln Handwerker beschäftigt waren, folglich auch hauseigene Werkstätten existiert haben müssen, womit sich u. a. auch die Vielzahl der Räume erklären dürfte.

Auffallend sind die vielen Waffenfunde, meist bronzene Pfeil- und Lanzenspitzen. Zwei Tempel bescherten dazu ganze Kollektionen von Bronzeplättchen, die von Kriegerrüstungen stammen und die vielleicht – wie auch manche der Waffen – als Weihgeschenke zu verstehen sind (Abb. 65).

Als charakteristisches, d. h. für kultische Zwecke bestimmtes Tempelinventar sind vor allem zahlreiche Miniaturgefäße in Form von Näpfen und Krügen zu nennen (Abb. 66). Ihren Fundorten nach zu urteilen, fanden sie offenbar vorwiegend als Fundamentbeigaben Verwendung. Kennzeichnend für die Kultbauten sind zudem die vielen armförmigen Spendengefäße und andere in Gestalt schlanker sog. ‹Spindle Bottles› (Abb. 67, 77). Beide Typen weisen wieder auf Verbindungen nach Nordsyrien hin.

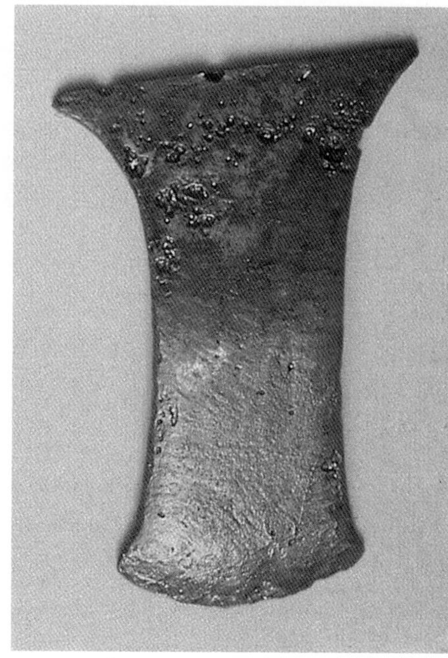

Abb. 70 Ägyptisches Flachbeil aus Tempel 26 (Inv. Nr. 85/449).

Nordsyrischen Einfluß bezeugen auch Bruchstücke von Hausmodellen aus Ton, wie das in Abb. 76 gezeigte, oder von Nachbildungen zinnenbekrönter Türme, die vermutlich von kleinen, portablen Altären stammen (Abb. 68). Für Kulthandlungen dürften außerdem die in jedem besser erhaltenen Tempel durch Scherben belegten Reliefgefäße mit religiösen Darstellungen bestimmt gewesen sein (Abb. 78).

Eine besondere Gruppe unter den Kultobjekten stellen verschiedene Götterminiaturen aus Bronze oder Elfenbein dar. Es handelt sich in der Mehrzahl um kleine Idole, die als Weihgaben oder Amulette Verwendung gefunden haben mögen (Abb. 81, 82, 94, 228). Zu der Elfenbeinminiatur einer Göttertrias, von der die mittlere Figur eine Stiermaske trägt, gibt es ein identisches Stück – allerdings aus Metall – aus Ugarit (Ras

Abb. 71 Hethitisches Gebrauchsgeschirr aus dem Tempelviertel in Fundlage.

Abb. 72 Restauriertes hethitisches Gebrauchsgeschirr aus dem Tempelviertel.

Abb. 73 Tempel 26.

Abb. 74 Tempel 7, Kellermauer mit Balkenlücken.

Abb. 75 Fragmente von hethitischer Wandmalerei aus Tempel 9.

Schamra) in Nordsyrien, womit auch hier wieder Beziehungen zu diesem Gebiet aufgezeigt sind. Dabei könnte man auch im Hinblick auf die vorher genannten Spendengefäße statt an einen Import ebensogut an eine Lokalproduktion in Ḫattuša tätiger syrischer Spezialisten denken, was dann ein weiterer Hinweis auf die Existenz ausländischer ‹Gastarbeiter› in der hethitischen Hauptstadt wäre.

Epigraphische Dokumente

Ungewöhnlich zahl- und inhaltsreich sind vor allem die inschriftlichen Funde, die sich aus Stempelsiegeln, gesiegelten Tonbullen und Keilschrifttafeln zusammensetzen und bezeugen, daß die Tempel über eigene Administrationen und Archive verfügten.

Bei den Siegeln überwiegen die knopfförmigen Stempel mit Typen, die gerade für die jüngere Großreichszeit des 13. Jhs. v. Chr. kennzeichnend sind (Abb. 80). Tonbullen gibt es dagegen auch aus älterhethitischer Zeit. Unter den einige hundert zählenden Stücken finden sich – im Gegensatz zu dem neuentdeckten Palastarchiv bei Nişantepe (s. u. S. 52 ff.) – bezeichnenderweise nur wenige mit königlichen Siegelabdrücken. Diese stammen sowohl von Herrschern der Großreichszeit als auch aus der Zeit davor, wobei letztere nur auf keilschriftlichen sog. Landschenkungsurkunden vertreten sind, in diesem Falle ein Befund, der sich – wie wir sehen werden – mit jenem von Nişantepe deckt (Abb. 83). Die Mehrzahl der Bullen ist von Funktionären gesiegelt, die offenbar als Verwaltungsbeamte oder sonstiges Personal für die Tempel tätig waren.

Zu den übrigen Keilschrifttexten ist bemerkenswert, daß auch sie vorwiegend älterhethitischen Datums sind. In zwei benachbarten Tempeln – Tempel 15 und 16 – wurden mehrere Tafeln einer mythologischen Textserie gefunden, die sich u. a. mit einem Fest des Wettergottes von Ebla befaßt, im übrigen eine Art Moralkodex zu repräsentieren scheint (Abb. 79). Die Texte sind zweisprachig, in hurritisch und hethitisch, verfaßt und nicht nur inhaltlich, sondern auch sprachlich von großem Wert, da sie eine wesentliche Bereicherung für die bisher nur lückenhaften Kenntnisse des Hurritischen bedeuten, das besonders im hethitischen Kultleben des späten 13. Jhs. v. Chr., sozusagen als das ‹Kirchenlatein› der Hethiter, zunehmende Verbreitung fand (s. dazu auch o. S. 5 f.).

Die Funktion des Tempelviertels

Sowohl durch die Architektur als auch durch das Inventar wird offenkundig, daß es sich bei den Tempeln nicht um reine Kultbauten handeln kann. Vielmehr scheinen sie eine Kombination von Gotteshaus und Wirtschaftsbetrieb darzustellen, d. h. gewissermaßen göttliche Residenzen, die als autonome Einrichtungen, etwa im Sinne unserer Klöster und Stifte, über eigene Ländereien, Werkstätten sowie Hausverwaltungen und -archive verfügten. Damit war eine ökonomische und organisatorische Basis geschaffen, die nicht nur die Versorgung der Götter, sondern auch – was nicht minder wichtig ist – die ihres Personals und folglich auch ihrer Bleibe garantierte.

Daß sich die hethitischen Großkönige angelegentlich um Unterkunft für ihre, aber auch fremde, sogar aus Feindesland überführte Götter bemühten, ist durch Keilschrifturkunden bezeugt. Besonders Tutḫalija IV., der Reformer des hethitischen Kultlebens, zeichnete sich in dieser Beziehung durch große Aktivitäten aus, offenbar mit der Absicht, die vielen über das Reich verstreuten Kultstätten zentral in der Hauptstadt zu vereinigen. Das bedeutete natürlich zugleich auch eine Stärkung seiner politischen Position, was angesichts der internen dynastischen Probleme, mit denen er sich – wie der Kurunta-Vertrag zeigte – konfrontiert sah, vielleicht sogar das eigentliche Ziel dieser Unternehmungen war.

Als eindrucksvollstes Zeugnis seiner Tätigkeit hat zweifellos das vor den Toren Ḫattušas gelegene Felsheiligtum von Yazılıkaya mit den Reliefs der Götterprozession des hurritischen Pantheons zu gelten. Gerade im Hinblick auf die Vielzahl der Götter, die sich einem hethitischen Festritual zufolge dort, im ‹Hause des Wettergottes›, einmal im Jahr anläßlich des *Antašum*-Festes, d. h. des Frühlingsfestes, versammelten, wäre es denkbar, daß Tutḫalija ihnen mit den Tempeln des zentralen Viertels in der Oberstadt eine dauerhafte Bleibe verschaffen wollte. Vielleicht war es – wie H. G. Güterbock schon lange vor der Entdeckung unserer Tempelstadt vermutete – die ‹Tutḫalija-Stadt›, die in einer bei dem hethitischen Stausee von Karakuyu östlich von Kayseri gefundenen Hieroglypheninschrift des Herrschers genannt wird (s. auch u. S. 75).

Einen eindeutigen Beweis für diese Annahme besitzen wir allerdings nicht, wohl aber den Hinweis, daß Tutḫalija als Bauherr des Viertels gelten darf, und zwar durch eine Stele, die in einer klei-

Abb. 76 Hethitisches Hausmodell aus Ton.

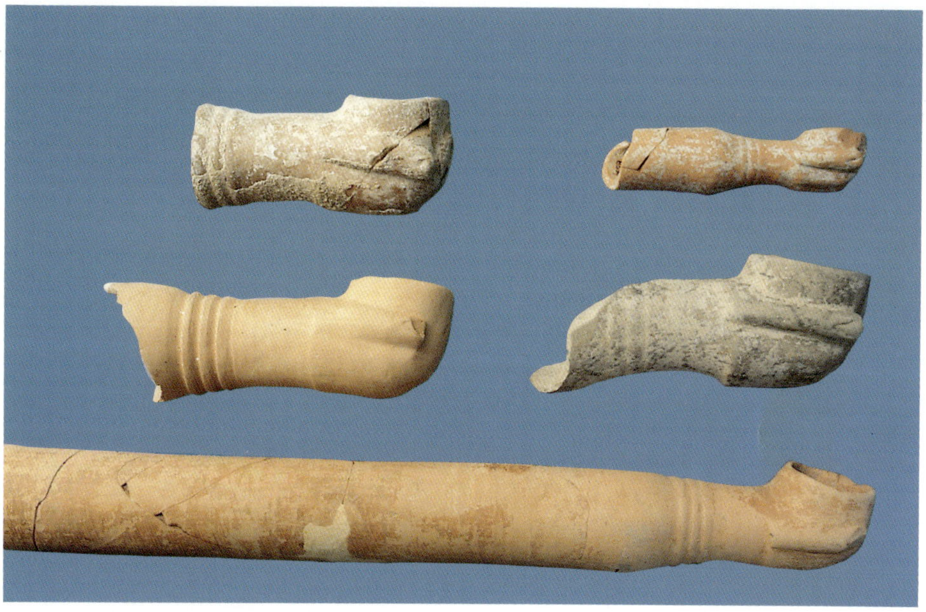

Abb. 77 Armförmige Spendengefäße aus Tempel 12.

Abb. 78 Scherben von hethitischen Reliefgefäßen mit anthropomorphen Darstellungen.

Abb. 79 Keilschrifttafel mit hurritisch-hethitischer Bilingue aus Tempel 16.

Abb. 80 Hethitische Stempelsiegel mit Abdrücken.

nen, auf der Ruine des Tempels 16 errichteten byzantinischen Kirche wiederverbaut vorgefunden wurde (Abb. 84, 85, 229). Sie trägt in Hieroglyphen und genealogisch geordnet die Namen Tutḫalijas, seines Vaters Ḫattušili (III.), seines Großvaters Muršili (II.) und eines weiteren Tutḫalija, mit dem wahrscheinlich der erste Vertreter dieses Namens als Vorfahre und Eponym gemeint ist. Eine fast entsprechende Stele gibt es vom Königspalast auf Büyükkale, dessen endgültiger Ausbau, wie dort zudem noch weitere Inschriften des Königs andeuten, ebenfalls unter Tutḫalija IV. vorgenommen wurde (Abb. 86).

Späte Umbauten im zentralen Tempelviertel

In der letzten hethitischen Bauperiode (O.St. 2) erfährt das Tempelviertel einschneidende Veränderungen, und zwar dergestalt, daß sich in bislang unbebauten Flächen, aber auch auf Kosten mancher Tempel, eine Neubebauung breitmacht, die im Gegensatz zu den vorhandenen Anlagen keinen übergeordneten Plan erkennen läßt, sondern offensichtlich improvisiert entstanden ist.

Die Bebauung setzt sich aus dicht an dicht stehenden Häusern, der Ausstattung und dem Inventar nach zu urteilen meist Werkstätten oder Speichern, zusammen, ist also profaner Struktur. Auffallend sind die vielen Schmelz- und Töpferöfen, die sich vor allem im südlichen Teil des Viertels finden und dort auf die einstige Existenz von Schmieden und Töpfereien hinweisen (Abb. 87, 88).

Am Südrand des Viertels liegt den Werkstätten benachbart ein ausgedehnter, künstlicher Teich, der durch eine natürliche Quelle gespeist wurde. Er bildet ein langrechteckiges, etwa 20 m breites und mindestens 25 m langes Becken und ist von flachen, steingepflasterten Böschungen eingefaßt, die noch bis zu 1,5 m Höhe anstehen (Abb. 89). Als Boden diente der geebnete anstehende Felsgrund aus weichem Serpentin. Die Anlage stammt aus einer der beiden älteren Bauperioden, war also ursprünglich für die Tempel bestimmt, und zwar vermutlich – wie mit einem entsprechend beschaffenen, am Wege zum Königstor neuentdeckten Teich angedeutet ist (s. u. S. 63 ff.) – in einer kultischen Funktion. Die vielen Werkstätten, besonders die Töpferöfen in der Umgebung, lassen jedoch darauf schließen, daß er in der letzten Bauperiode zu einem mehr oder weniger profanen Wasserreservoir umfunktioniert wurde, um fortan auch deren Versorgung zu dienen.

Angesichts der durchgreifenden Veränderungen, die im Verlaufe dieser Periode erfolgten, gibt es keinen Zweifel, daß das Viertel aufgehört hat, in seiner ursprünglichen Form als reine Tempelstadt zu bestehen. Nur wenige Tempel, bezeichnenderweise die größeren und wohl auch bedeutenderen, blieben weiter in Betrieb und endeten erst in jener Katastrophe, die auch das Ende für die gesamte hethitische Hauptstadt bedeutete. Das beweist nicht nur der ihre Ruinen bedeckende Brandschutt, sondern auch die darin und darunter vorgefundene Gebrauchskeramik, die nämlich eindeutig mit jener Ware identisch ist, die in den Abfallhalden der späten Töpferöfen lag, also dort auch produziert worden sein dürfte. Entsprechende Verbindungen lassen sich auch für manche Metallgeräte und -waffen durch zugehö-

Abb. 81 Elfenbeinminiatur einer Göttertrias aus Tempel 20.

Abb. 82 Elfenbeinminiatur eines tanzenden Gottes aus Tempel 7.

rige, aus den Werkstätten der Spätzeit stammende Gußformen belegen (Abb. 92a, b). Damit ist zugleich aber auch erwiesen, daß die neuen Betriebe noch im Dienste der restlichen Tempel standen, d. h. sakralen Zwecken dienten, und folglich als Ergänzung zu deren Wirtschaftsräumen zu verstehen sind.

Die Ursache für die späten Veränderungen ist wahrscheinlich in der sich zunehmend verschlechternden politischen und wirtschaftlichen Situation von Stadt und Land zu suchen, die nicht zuletzt durch die Auseinandersetzungen im Königshaus ausgelöst worden sein dürfte. Die daraus resultierende Unsicherheit aber mag dazu geführt haben, daß die zuvor offensichtlich vor den Toren Ḫattušas lebende und tätige Bevölkerung nunmehr in den Schutz der Stadtmauer übersiedelte bzw. umgesiedelt wurde, um so wenigstens die Versorgung von dem Rest der Tempelstadt zu gewährleisten.

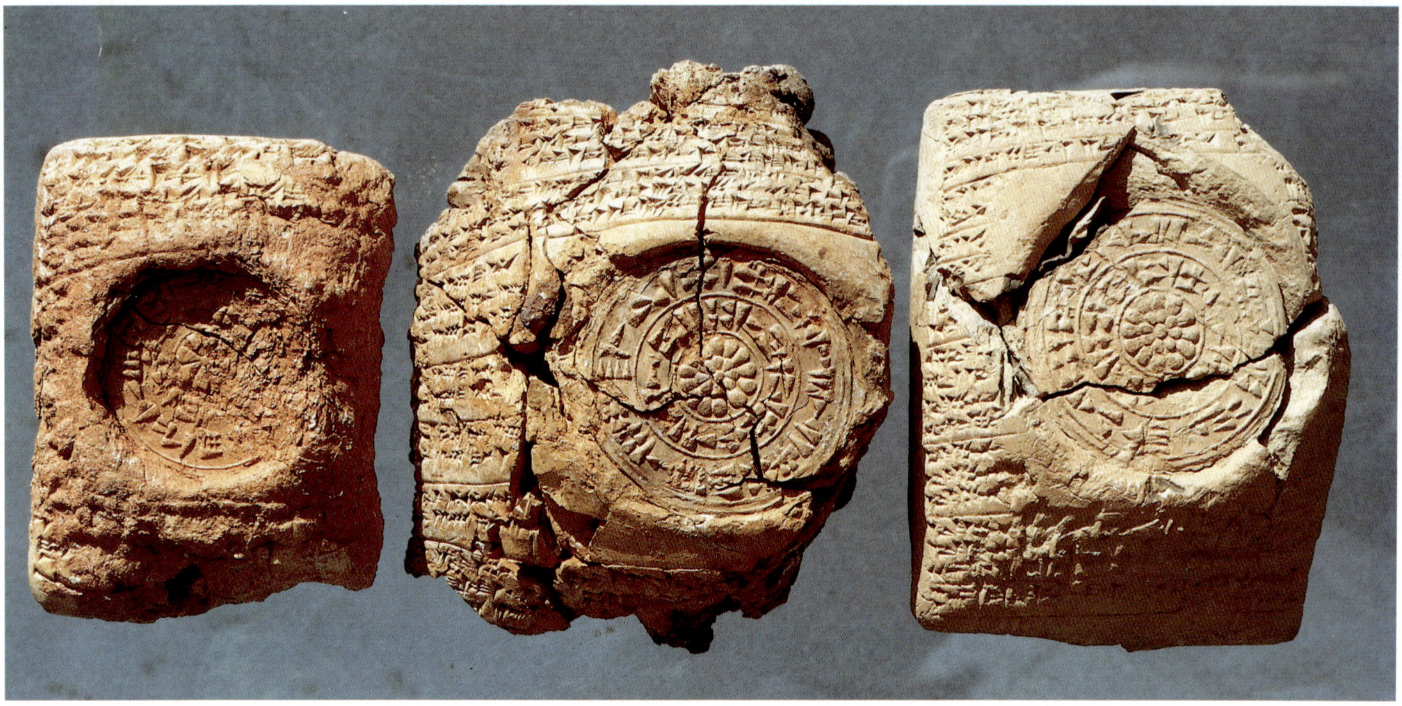

Abb. 83 Althethitische Landschenkungsurkunden aus Tempel 7 und 8.

Abb. 84 Byzantinische Kirche mit Tutḫalija-Stele in Fundlage.

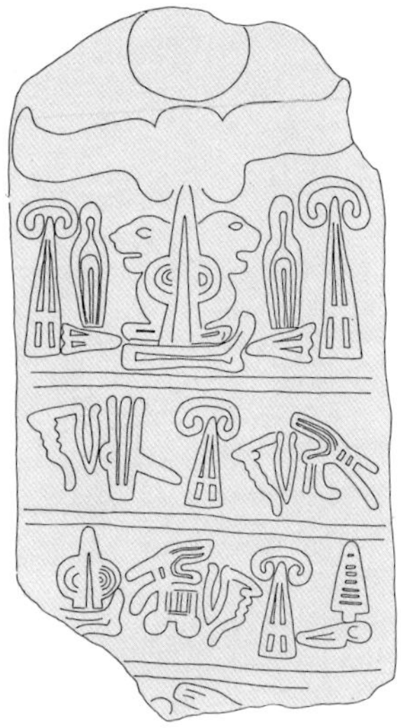

Abb. 85 Tutḫalija-Stele (Umzeichnung J. D. Hawkins).

Der Bezirk des Tempels 5 am Königstor

Als weiteres Zeugnis der Bauaktivitäten Tutḫhalijas IV. in der Oberstadt hat das Heiligtum des Tempels 5 am Königstor zu gelten. Es liegt im Gegensatz zu dem kesselartig eingeschlossenen, zentralen Tempelviertel auf einem allseitig offenen Plateau und setzt sich aus einem umfangreichen Baukomplex, dem Tempel 5, sowie einem ostwärts anschließenden, bis an die Stadtmauer reichenden, ummauerten Temenos mit weiteren Bauwerken zusammen (Abb. 90).

Tempel 5

Mit fast 3000 m² Grundfläche repräsentiert der Tempel 5 mit Abstand den größten Sakralbau in der Oberstadt, der außerdem durch seine besondere Plangestaltung und sein äußeres Erscheinungsbild auffällt (Abb. 91, 96–98).

Hinsichtlich des Planes ist zunächst bemerkenswert, daß – kenntlich an der Vor- und Hauptraumkombination sowie der mittig eingefügten Substruktion mit dem Altarfundament – zwei Kulträume, einer an der Süd-, einer an der Ostseite des Gebäudes, vorhanden sind. Auffallend ist zudem ein kleines Bauwerk im Innenhof, das ähnlichen Einrichtungen im Tempel 1 der Unterstadt und in Yazılıkaya entspricht. Von dem üblichen Planschema weichen auch zwei an die Westseite des Tempels stoßende Gebäudetrakte ab. Der größere erinnert in seiner Anlage an den großreichszeitlichen Wohnpalast auf Büyükkale (Gebäude E, s. Abb. 18, 19) und könnte folglich eine entsprechende Funktion erfüllt haben, so daß der Tempel 5 vielleicht als Tempelpalast anzusehen wäre.

Zur äußeren Erscheinung ist zu bemerken, daß die Nord- und Ostfront des Tempels, also die dem Temenos zugewandten Fronten, besonders repräsentativ gestaltet, nämlich mit mannshohen Sockelplatten, in der Fachsprache Orthostaten genannt, verkleidet sind (Abb. 93). Wie Ansätze noch deutlich erkennen lassen, sollten sie mit Reliefs versehen werden. Der Sockel setzt sich in gleicher Form entlang einer weit nach Norden ausgreifenden, gut 8 m breiten Rampe fort, die mit leichter Steigung zu dem Hauptportal an der Nordseite des Tempels hinaufführte.

Ein zweiter Eingang lag an der Ostseite. Dadurch war eine direkte Verbindung vom Tempel zu der Bebauung im Temenos geschaffen. Diese besteht aus vier Anlagen: einer Gruppe von drei

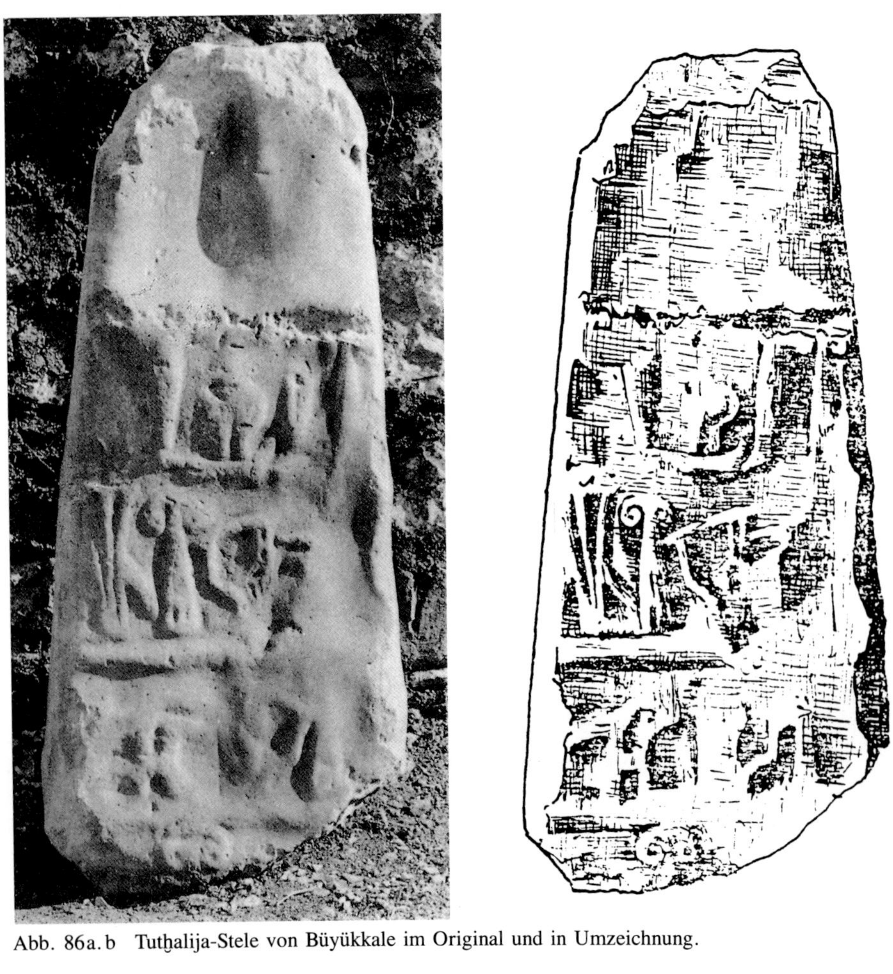

Abb. 86a.b Tutḫalija-Stele von Büyükkale im Original und in Umzeichnung.

kleineren Bauwerken (Haus A–C) am Nordrand des Bezirkes sowie einem einzelnen größeren Bau (D), der weiter südostwärts, d. h. gegenüber dem Nebeneingang des Tempels, liegt.

Die Häuser A–C

Die Häuser A–C vertreten zweifellos Bauten des gleichen Typs; denn sie stimmen sowohl in ihren Grundmaßen als auch in ihren Grundrissen überein (Abb. 99). Bei ca. 10 x 12 m äußeren Abmessungen umschlossen sie nur einen einzigen Raum, der angesichts der in den Häusern A und B vorgefundenen Sockel bzw. Fundamente mit vier Pfeilern in den Ecken ausgestattet war.

In Haus A konnten außerdem noch zwei Einrichtungsstücke nachgewiesen werden, glücklicherweise gerade diejenigen, die für die Bestimmung des Gebäudes von entscheidender Bedeutung sind. Das eine Stück betrifft einen 1 m hohen, vierkantigen Steinklotz aus grünem Nephritit, der sich, zur Seite gekippt, vor der Mitte der Ostwand fand, wo also auch sein ursprünglicher Standort gewesen sein dürfte (Abb. 95). Das zweite Stück ist ein 90 cm hoher Reliefblock aus Kalkstein, der, auf die Bildfläche gestürzt, außerhalb der nämlichen Ostwand lag (Abb. 104). Die Fundsituation läßt jedoch nicht daran zweifeln, daß der Block einst im Mauerverband der Wand hinter dem Nephrititklotz eingebaut war, und zwar, wie sein Zuschnitt zeigt, als Teil eines Wandpfeilers (Abb. 103).

Das Relief stellt einen mit kurzem Leibrock bekleideten und mit einer Lanze bewaffneten Krieger dar, der die göttliche Hörnerkrone trägt (Abb. 100, 101). Über der im Anbetungsgestus erhobenen linken Faust steht in Hieroglyphen der Name des Großkönigs Tutḫalija. Angesichts des Standortes und der Darstellung wird es sich um das Kultbild eines vergöttlichten Tutḫalija handeln, dem der grüne Stein als Altar oder ähnliche Einrichtung zugeordnet war (Abb. 102).

Dem Reliefblock entsprechend bemessene und zugerichtete Quader gibt es auch in den Häusern B und C, in B sogar noch am originalen Standort umgestürzt (Abb. 105); doch sie sind ohne Reliefs, was besagt, daß sie vermutlich – wie die Sockelplatten am Tempel 5 – unvollendet blieben. Alle drei Bauten scheinen also kleine Heiligtümer im Sinne von Kapellen oder Schreinen gebildet zu haben, die im Gegensatz zu den vielräumigen Tempeln nur aus der Cella mit dem Kultbild

Abb. 87 Zentrales Tempelviertel mit Verteilung der Brennöfen.

Abb. 88 Mauerreste von hethitischem Töpferofen.

Abb. 89 Zentrales Tempelviertel, Pflasterböschung von hethitischem Teich.

Abb. 90 Blick vom Sphinxtor auf Tempel 5.

Abb. 91 Tempel 5, Nordrampe.

bestanden, also ausschließlich für den Kultdienst bestimmt waren.

In bezug auf die Bedeutung des Kultes ergibt sich für Haus A durch das Relief der klare Befund, daß es dem Kulte eines Großkönigs Tuthalija in seiner Eigenschaft als göttlichem Würdenträger und damit – nach hethitischem Glauben – einem bereits verstorbenen Tuthalija gewidmet war. Unter diesem Aspekt könnte aber mit der Anzahl der Kapellen – nämlich drei – außerdem ein Hinweis gegeben sein, daß es sich dabei um jenen ersten Herrscher dieses Namens handelte, der auf der geschilderten Stele aus dem zentralen Tempelviertel als drittes Glied in der Genealogie Tuthalijas IV. erscheint (s. o. S. 31 f.). Die Kapellen B und C wären dann folglich den beiden anderen auf der Stele genannten Vorfahren zuzuschreiben, und zwar, unter Beibehaltung der genealogischen Reihenfolge, Haus B dem Großvater Muršili II. und Haus C dem Vater Hattušili III.

Das vierte Bauwerk (D) ist mit den Resten einer quadratischen, kanalisierten Plattform von mindestens 15 m Seitenlänge vertreten. Sie scheint ein großes, offenes Podium darzustellen, das, auf halbem Wege vom Tempel zu den Kapellen gelegen, vermutlich für besondere Kulthandlungen unter freiem Himmel, z. B. gemeinsame Opferzeremonien, vorgesehen war.

Die Funktion des Bezirks von Tempel 5

Daß man eine funktionelle Verbindung zwischen dem Tempel und den Kapellen voraussetzen darf, ist nicht nur durch das Podium, sondern auch durch die Gesamtplanung des Tempelbezirks bezeugt, die – wie beim zentralen Tempelviertel – sichtbar ein übergeordnetes Konzept verrät. Es gründet sich auf drei Komponenten – den Tempel, den palastartigen Annex und die Kapellen – und könnte dahingehend ausgelegt werden, daß sich der Großkönig Tuthalija IV. hier, in unmittelbarer Nachbarschaft des Königstores mit dem offenbar seinen Schutzgott Šarumma repräsentierenden Gottesrelief, einen sozusagen privaten Kultbezirk schuf, der, wie das durch ihn ausgestaltete Felsheiligtum von Yazılıkaya, einen dem obersten Götterpaar Tešup und Hepat geweihten Doppeltempel aufnahm, dazu die persönliche Residenz des Königs sowie die Kultstätten seiner Vorgänger – und das an einer Stelle, die angesichts ihrer Lage offenbar auch den Ausgangspunkt für die *via sancta* (‹Heilige Straße›) um die südliche Oberstadt bildete.

Abb. 92a Bronzenes Beil aus Tempel 7.

Abb. 92b Hethitische Gußformen. Links oben ein Exemplar für ein Beil wie Abb. 92a.

Abb. 94 Bronzefigurine einer Göttin. H. 4,5 cm; 13. Jh. v. Chr. Oberstadt von Ḫattuša.

Abb. 93 Nordfront des Tempels 5 mit Orthostaten-Sockel.

Abb. 95 Blick auf Haus A mit wieder aufgerichtetem grünem Stein.

Abb. 96 Tempel 5, Gesamtplan.

Abb. 97 Tempel 5, Ballonfoto.

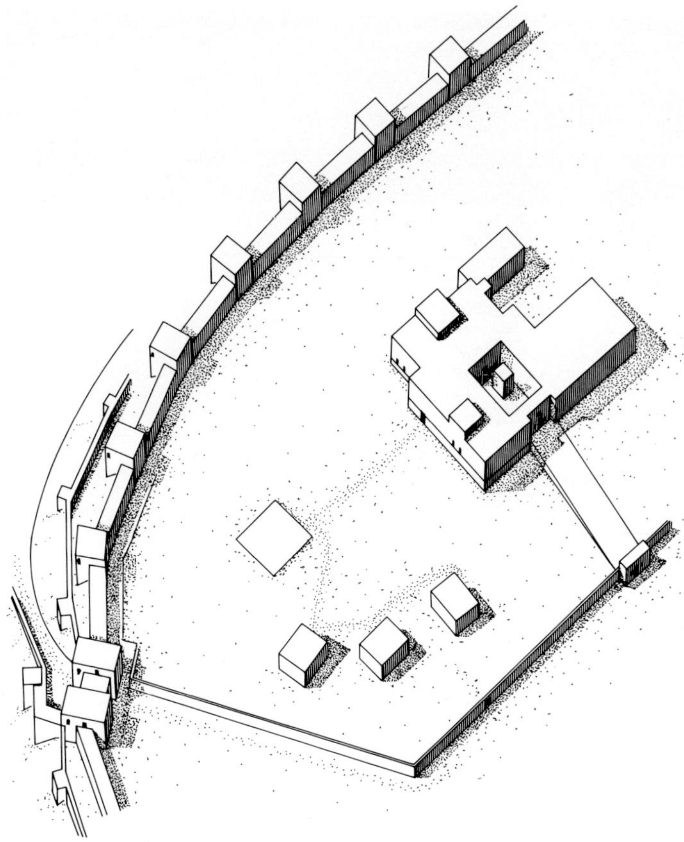

Abb. 98 Tempel 5, isometrische Rekonstruktion (gegenüber dem Plan auf Abb. 96 um 180° gedreht).

Tempel 2 und 3

Der ‹Heiligen Straße› angeschlossen und damit dem östlichen Sektor zugeordnet waren auch die beiden weiter südwestlich, auf isolierten Kuppen hoch oberhalb des zentralen Viertels gelegenen Tempel 2 und 3. Sie wurden bereits 1907 von O. Puchstein aufgedeckt, im Zusammenhang mit den Grabungen am Tempel 5 aber erneut untersucht und nunmehr endgültig freigelegt (Abb. 106, 107).

Beide Anlagen entsprechen sich in ihrem Plan – bei allerdings entgegengesetzter Orientierung ihrer Kulträume – und in ihrer Architektur so auffallend, daß sie, zusammen mit dem ähnlich konzipierten Tempel 4 im zentralen Viertel und vermutlich auch dem Tempel 30 am Löwentor (s. u. S. 40 ff.), nicht nur aus der gleichen Zeit, sondern vermutlich auch aus der gleichen Bauschule stammen (Abb. 110, 111). Beide Gebäude sind also in die älteste Bauperiode der Oberstadt zu datieren.

Nach einer ersten Zerstörung – derselben, der außerdem die erste Stadtmauer zum Opfer fiel – wurden beide Tempel mit nur geringen Änderungen ihrer Grundrisse auf den alten Fundamen-

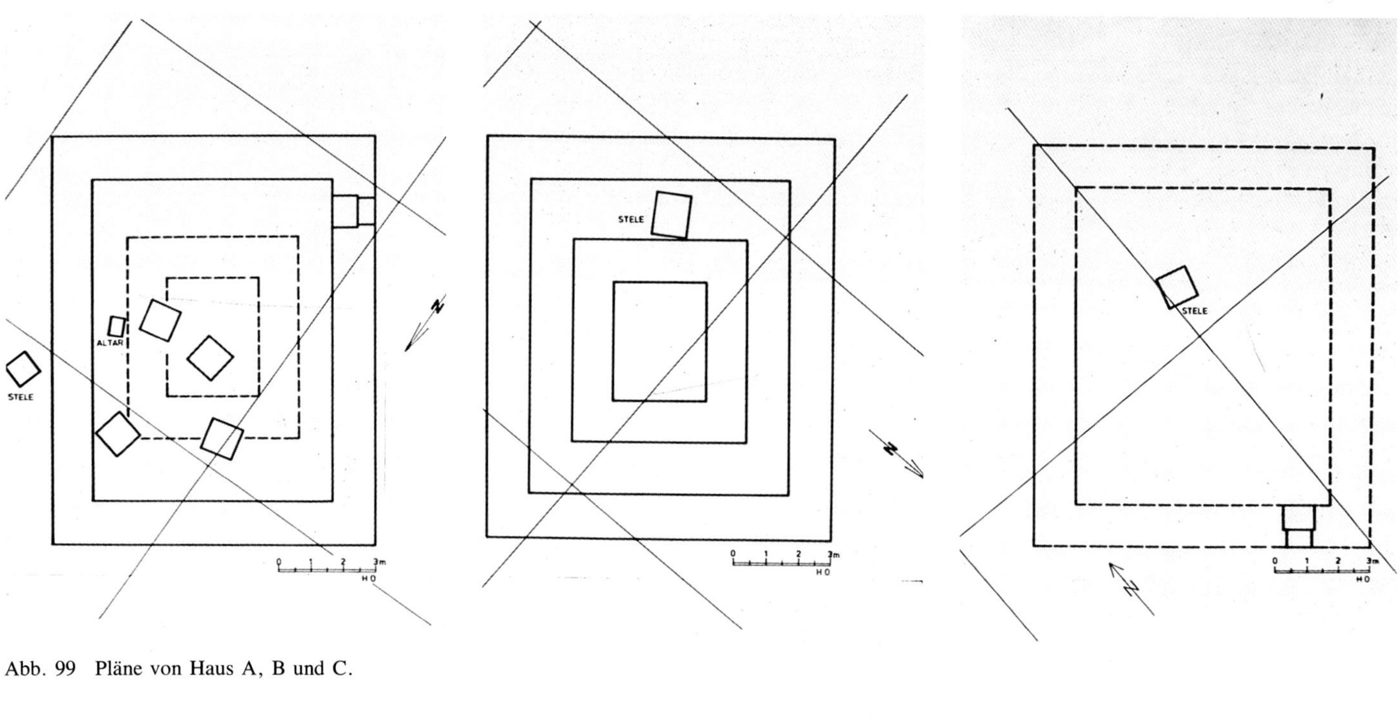

Abb. 99 Pläne von Haus A, B und C.

Abb. 100 Tutḫalija-Relief, Gesamtansicht.

Abb. 101 Tutḫalija-Relief, Kopf.

ten wieder aufgebaut, dabei mit einem neuen, höchst qualitätvollen Quadersockel ausgestattet, der jedoch, wie die z. T. noch mit ihren rohen Bossen belassenen Blöcke zeigen, unvollendet blieb (Abb. 108, 109).

Als hervorstechendes Charakteristikum hat der bemerkenswerte Reichtum an Bauskulpturen zu gelten, mit dem die Neubauten – im Gegensatz zu allen übrigen bisher bekannten Tempeln Ḫattušas – geschmückt waren. Leider wurde davon nichts in situ, sondern nur als Fragmente in dem alten Gebäude- und Grabungsschutt angetroffen. Soweit es sich um primäre Fundlagen handelt, sind vor allem der Innenhof und die Vorhalle zum Kultraum sowie der Bereich des Haupteinganges zu nennen. Hier dürften also die ursprünglichen Standorte der Skulpturen zu suchen sein (s. Abb. 110, 111).

Die meisten Fragmente sind aus granitähnlichem, graugrünem Gabbro gearbeitet und stammen von Löwen lebensgroßen, aber auch überlebensgroßen Formates. Aus der Vorhalle des Kultraumes von Tempel 2 konnte noch ein vollständiger, allerdings stark verbrannter Löwenkopf geborgen werden, der aber selbst in diesem Zustand noch einen Eindruck von der hervorragenden Qualität der Plastik vermittelt (Abb. 112). Allein aufgrund der Anzahl der erhaltenen Füße muß Tempel 2 mindestens zehn, Tempel 3 vier Löwenskulpturen besessen haben.

Tempel 3 bescherte außerdem noch die Fragmente von zwei überlebensgroßen menschlichen Köpfen, die göttliche Hörnerkronen tragen und offenbar von Sphingen stammen (Abb. 114, 118, 119). Auch Tempel 2 scheint angesichts einiger rosettenverzierter Stücke, für die sich Entsprechungen bei den Torsphingen in dem 30 km von Boğazköy entfernten Alacahüyük finden, Sphinxreliefs besessen zu haben (Abb. 113, 115). Dem Fundort der Stücke nach zu urteilen, dürften die Sphingen am Haupttor des Tempels aufgestellt gewesen sein.

Alle diese Fragmente, vor allem aber ein Löwenorthostat, der als verworfenes Halbfabrikat in der Hofmauer von Tempel 2 sekundär verbaut vorgefunden wurde, zeigen deutlich, daß die Skulpturen integrierte Bestandteile der Architektur in Form von Türleibungen und Pfeilersockeln bildeten (Abb. 116, 117). Sie fügen sich damit in die Reihe der Bauskulpturen bzw. -reliefs ein, wie sie in Ḫattuša bisher außer am Königs-, Sphinx- und Löwentor der Oberstadt auch noch von dem Palast auf Büyükkale, von Nişantepe und von Yazılıkaya belegt sind. Dabei handelt es sich in jedem Falle um Werke aus der späten Großreichszeit, d. h. bei Büyükkale und Yazılıkaya mit einiger Wahrscheinlichkeit aus der Zeit Tutḫalijas IV., bei Nişantepe eher aus der Zeit seines Sohnes, Šuppiluliumas II. (s. u. S. 58). Angesichts der Tatsache, daß die Tempel 2 und 3 unvollendet blieben, liegt es nahe, in ihnen ebenfalls Werke dieses letzten hethitischen Großkönigs zu sehen. Ein entsprechender Hinweis bietet sich auch mit einer Gruppe von Tonbullen an, die aus dem Brandschutt des Tempels 2 stammt und mit Siegelstempeln von Šuppiluliuma, allerdings noch in seiner Eigenschaft als Prinz oder König, versehen ist.

Tempel 30 am Löwentor

Der Tempelbezirk am Löwentor wurde ähnlich wie der Bereich am Königstor von einem einzigen Heiligtum – Tempel 30 – eingenommen (Abb. 120). Es liegt nicht nur in gleicher Distanz zum Tor, sondern besaß auch eine eigene Wohnresidenz, die hier jedoch bescheidener, dazu als isolierter Einzelbau konzipiert ist. Entsprechend den Tempeln 2 und 3

Abb. 102 Haus A, Rekonstruktionsskizze vom Innenraum.

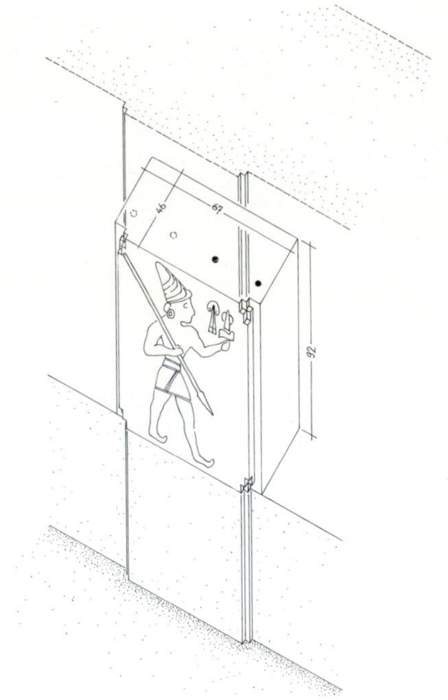

Abb. 103 Tuthalija-Relief, Rekonstruktionsskizze.

scheinen auch diesem Bezirk im weiteren Umkreis noch mehr Gebäude angeschlossen gewesen zu sein: im Nordosten die Felsanlage von Yenicekale, die vermutlich einen kleinen Hochtempel darstellte, sowie im Osten ein ausgedehnter, anscheinend unvollendet gebliebener Baukomplex, dessen Standort etwa symmetrisch zu den Tempeln 2 und 3 auf einem Hochplateau am Westrand des zentralen Tempelviertels gelegen ist (s. Abb. 27, 28).

Im Gegensatz zu den Tempeln 2 und 3 wurde der Tempel 30 bereits nach seiner ersten Zerstörung vollständig aufgegeben, d. h. nicht wieder aufgebaut. Statt dessen setzte – wie im zentralen Tempelviertel – als letzte Bauphase und auf seine Kosten einige Zeit später eine profane Neubebauung ein, die auch hier nur aus einfachen Wohnbauten und Werkstätten einschließlich eines weiteren Töpferofens bestand. Von dem Tempel selbst blieb außer den Substruktionen und einzelnen Sockelresten nichts mehr erhalten – aber immerhin noch genug, um eine gewisse Vorstellung von dem Plan und dem Aussehen dieser Anlage zu gewinnen (Abb. 124, 125).

Der Bau lag vor einer niedrigen Felsbank, die den südlichen Abschluß bildete, auf einem durch künstliche Terrassen erweiterten, kleinen Plateau. Er nimmt eine Fläche von rund 30 x 40 m ein und ist damit etwa so groß wie die Tempel 2 und 3. Der Plan zeigt durch den aus der Gebäudemitte seitlich verlagerten Innenhof und den mit zwei Vorhallen, einer hofwärts geöffneten Portikus und daran anschließendem Vestibül, versehenen Kultraum deutliche Parallelen zum Tempel 4 (s. Abb. 50).

Daß es sich bei dem Bauwerk um einen Tempel handelt, zeigen nicht nur der Plan, sondern auch die den Tempeln 2–4 entsprechend zugerichteten Sockelquader, die an der Westseite noch zwei Lagen hoch anstehend vorgefunden wurden. Weitere Hinweise auf die kultische Funktion sind durch das zugehörige Inventar gegeben. Soweit in situ nachgewiesen, betrifft es vor allem Votivgefäße in Gestalt der bekannten Miniaturnäpfe und -krüge, die als Gründungsbeigaben

Abb. 104 Haus A, Tuthalija-Relief in Fundlage.

Abb. 105 Haus B, wiederaufgerichtete Stele.

Abb. 106 Tempel 2 (1987).

Abb. 107 Tempel 3 (1986).

Abb. 108 Mauersockel von Tempel 2.

Abb. 109 Mauersockel von Tempel 3.

in den Fundamentgruben deponiert waren. Hinzu kommen außerdem aus dem Gebäudeschutt winzige, d. h. nur wenige Quadratzentimeter große Keilschrifttäfelchen, die Orakeltexte enthalten (Abb. 126). Leider geht aus ihnen nicht hervor, welchem Gotte das Heiligtum geweiht war. Insofern bietet sich also der gleiche negative Befund wie bei allen übrigen bisher erfaßten Tempeln in der südlichen Oberstadt, von denen nämlich, wenn man von den hinsichtlich des zentralen Viertels und Tempel 5 geäußerten Vermutungen absieht, vorerst noch keiner mit einer bestimmten Gottheit in Verbindung gebracht werden kann – abgesehen von der kleinen, offenbar dem Kulte des vergöttlichten Tutḫalija geweihten Kapelle am Königstor.

Die Anlagen im Bezirk von Nişantepe und der Südburg

Gewisse Hinweise auf den Königskult scheinen sich auch mit den hethitischen Anlagen im Raume von Nişantepe und der Südburg anzudeuten. Wie die Grabungen zeigen, erwartet uns hier – verglichen mit den Tempelvierteln der Oberstadt – allerdings ein ganz anders gearteter Bezirk, dessen besondere Bedeutung zweifellos durch seine Lage im Vorfeld des Palastes einerseits und am Eingang zur Oberstadt andererseits, dazu – wie wir sahen (s. o. S. 22) – im Schnittpunkt von drei Torachsen gelegen, gegeben ist (Abb. 129). Ebendieser besonderen Situation dürfte auch die bekannte, bis auf die obere Zeile aber noch unentzifferte Hieroglypheninschrift Rechnung tragen, die der letzte Großkönig in Hattuša, Šuppiluliuma II., in die Felswand von Nişantepe meißeln ließ (Abb. 127).

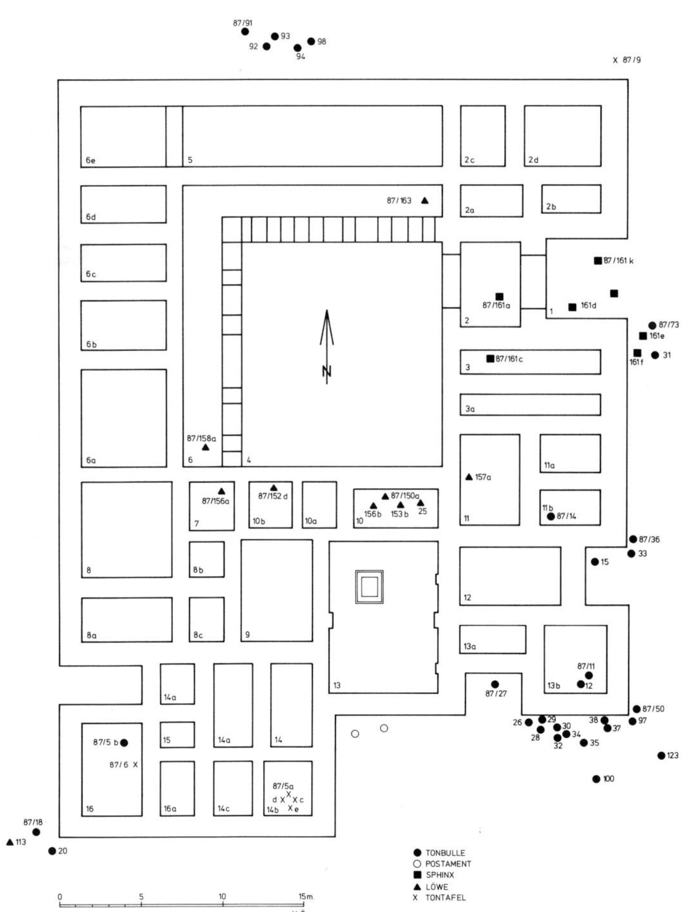

Abb. 110 Plan von Tempel 2.

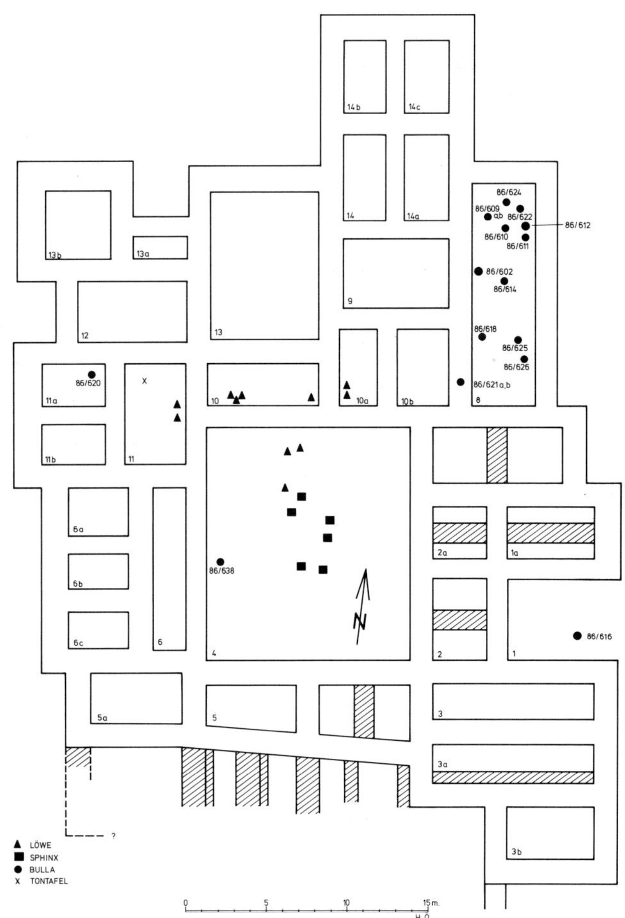

Abb. 111 Plan von Tempel 3.

Abb. 112 Kopf von Löwenskulptur aus Tempel 2.

Abb. 113 Rosettendekor von Sphinxskulptur aus Tempel 2.

Abb. 114 Rekonstruierter Sphinxkopf aus Tempel 3.

Abb. 115 Alaçahüyük, Torsphinx mit Rosettenband.

Abb. 116 Unvollendeter Löwensockel aus Tempel 2.

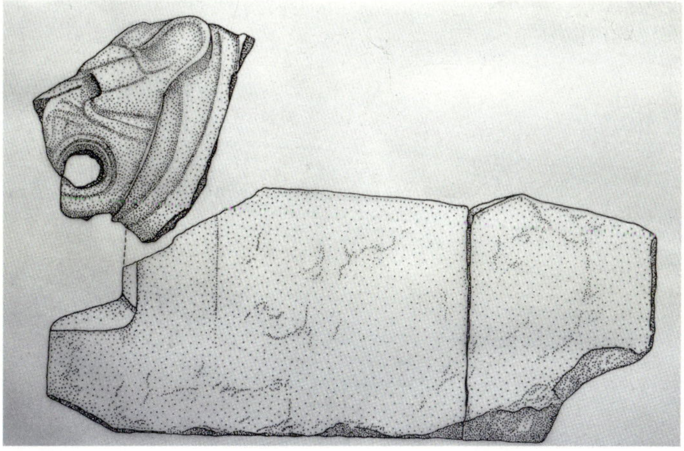

Abb. 117 Rekonstruierter Löwensockel (mit Kopf Abb. 112).

Abb. 118 Kopfbruchstücke von Sphinxskulpturen aus Tempel 3.

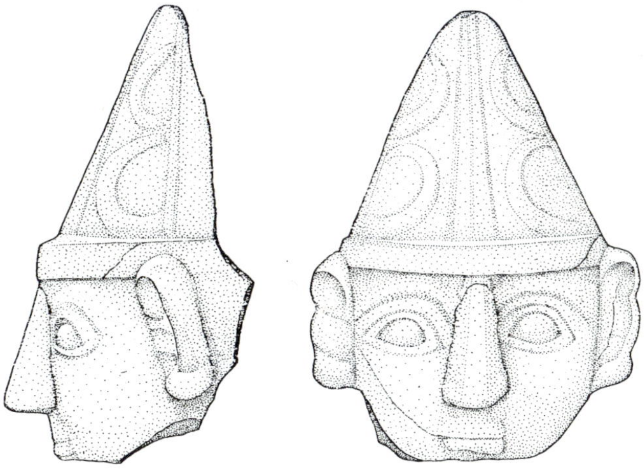

Abb. 119 Rekonstruierter Sphinxkopf (vgl. Abb. 114) in Umzeichnung.

Abb. 120 Blick vom Sphinxtor auf Tempel 30 und das Löwentor.

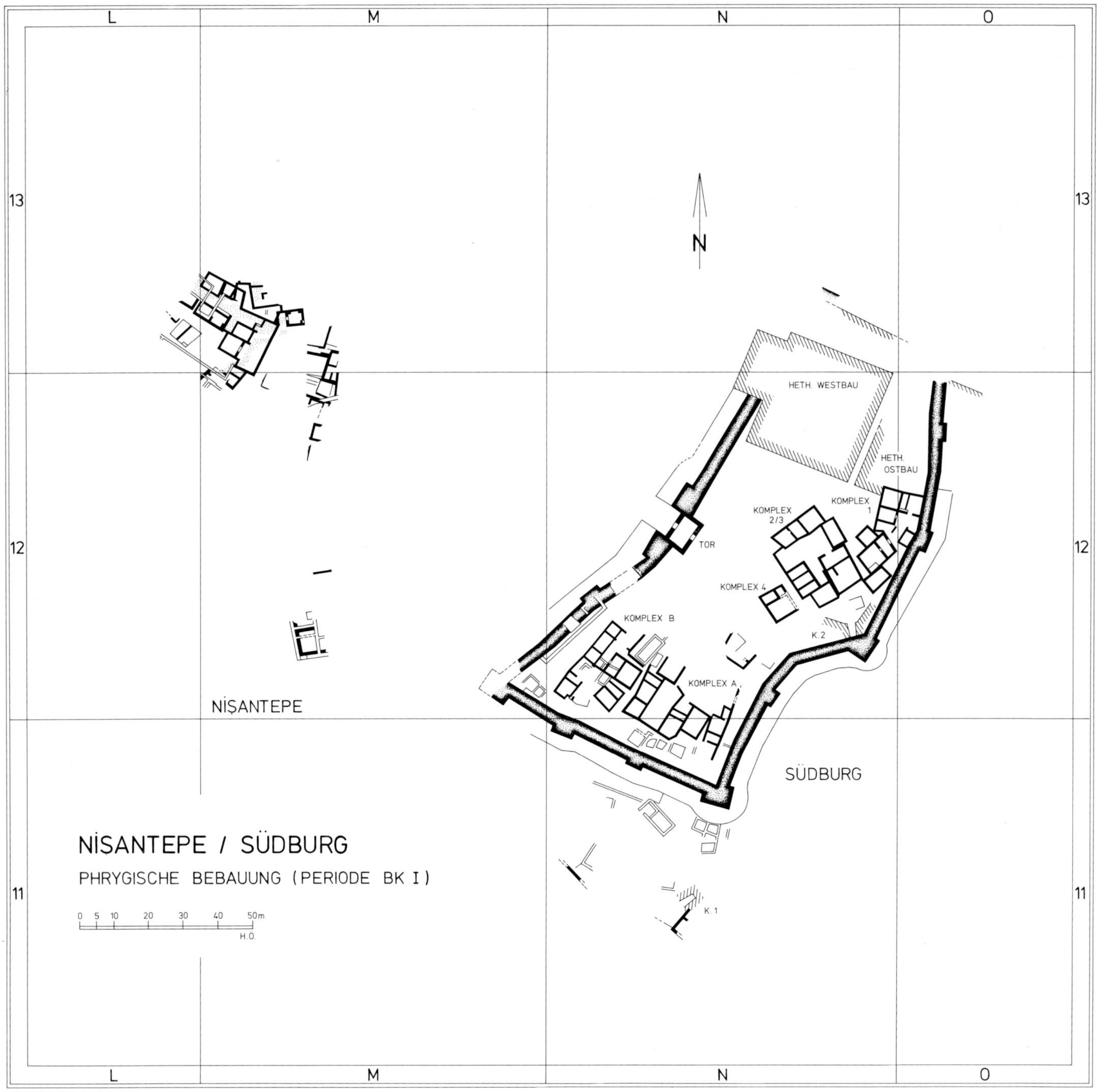

Abb. 121 Nişantepe-Südburg, Plan der phrygischen Bebauung.

Die Bebauung aus phrygischer Zeit

Die 1988 begonnenen Grabungen erbrachten zunächst eine ausgedehnte nachhethitische Bebauung aus der jüngerphrygischen Periode (Zeit O.St. 1), die sich, ausgehend von den älteren Siedlungszentren auf Büyükkale und in der Unterstadt, in diesem Gebiet im Verlaufe des 7. und 6. Jhs. v. Chr. entwickelte. Während der Raum um Nişantepe von einem normalen, durch schmale, gepflasterte Gassen erschlossenen Stadtviertel eingenommen wurde, entpuppte sich die Südburg als kleine, offenbar zu seinem Schutze angelegte Festung, die mit einzelnen größeren Gebäudekomplexen besetzt war (Abb. 121, 128).

Die Bebauung aus hethitischer Zeit

Hethitisches kündigte sich zunächst außer der Inschrift am Nişantepe durch Spuren von Mauerbettungen auf dem Felsmassiv sowie durch Mauerreste am Fuße Büyükkales an. Hinzu kamen dann zahlreiche hethitische Werksteinspolien, die sekundär verbaut in den neu ausgegrabenen phrygischen Mauern vorgefunden wurden – alles in allem ein deutliches Anzeichen dafür, daß in diesem Gebiet mit einer umfangreichen Bebauung aus hethitischer Zeit zu rechnen war, was die Grabungen dann Schritt für Schritt bestätigten (Abb. 122).

Die Bebauung verteilt sich auf drei topographisch gesonderte Bereiche: auf den unmittelbar südlich vor Büyükkale liegenden Sattel sowie gegenüber, zu beiden Seiten des einst wie auch noch heute in die Oberstadt führenden Weges, auf Nişantepe mit dem nördlich vorgelagerten Plateau und auf die Südburg mit dem ostwärts anschließenden Gebiet.

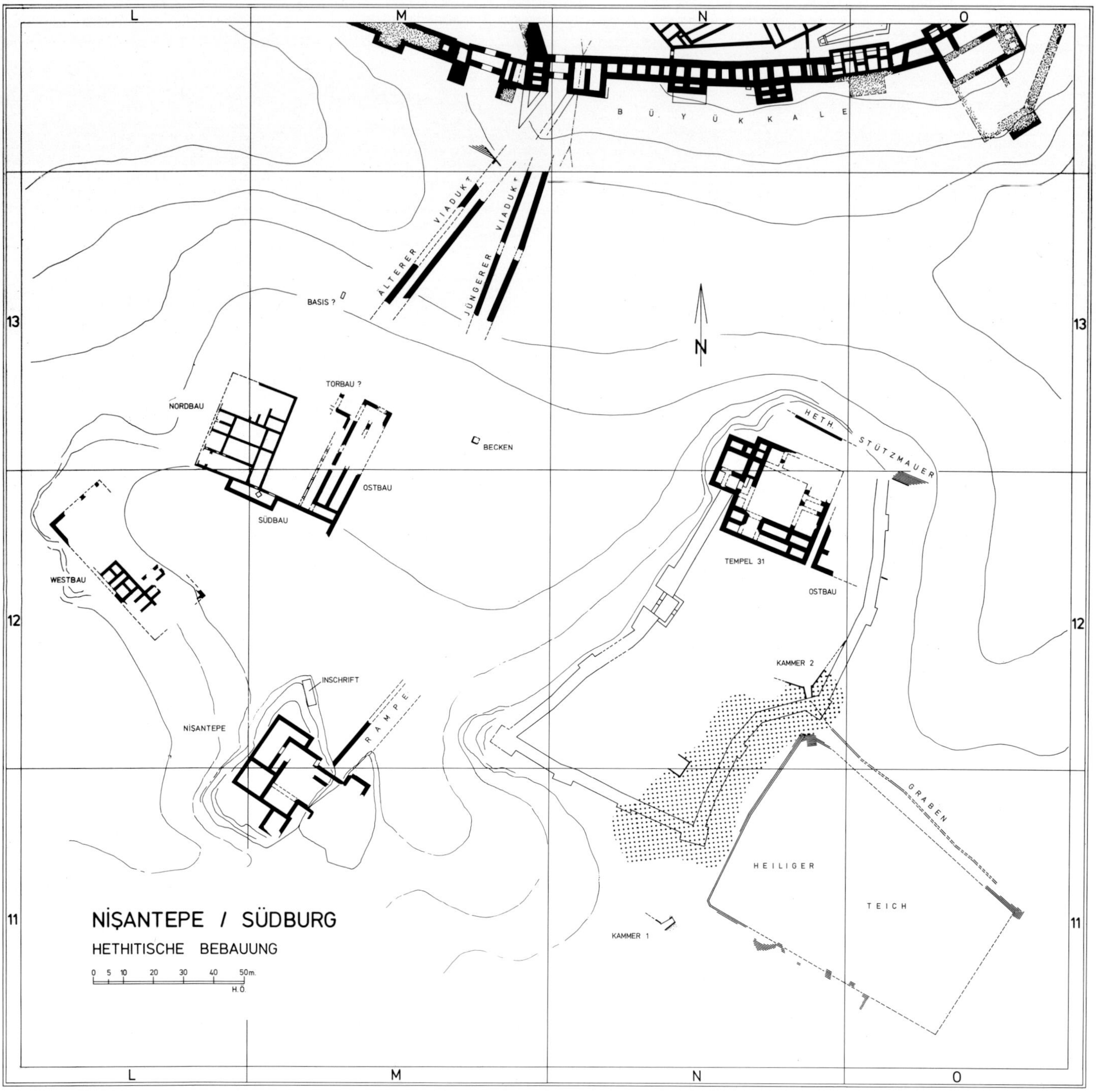

Abb. 122 Nişantepe-Südburg, Plan der hethitischen Bebauung.

Das Vorgelände von Büyükkale und die Viadukte

Bei dem Sattel vor Büyükkale handelt es sich um einen im Laufe der Zeit wieder bis zu 5 m hoch mit Schwemmerde aufgefüllten, von den Hethitern künstlich angelegten Durchstich, mit dem man einen natürlichen, von Süden nach Norden streichenden Höhenrücken, dessen nördliches Ende durch das Felsmassiv Büyükkales markiert wird, unterbrach, um der Südflanke des Burgberges einen zusätzlichen Schutz zu bieten (Abb. 123).

Die erste Anlage entstand bereits in der älterhethitischen Zeit (15./14. Jh. v. Chr.) zusammen mit der sog. Poternenmauer, die damals den südlichen Abschluß des Stadtgebietes bildete. Ihr endgültiges Aussehen erhielt sie aber wohl erst mit dem unter Tuthalija IV. vollzogenen letzten großen Ausbau des Palastes auf Büyükkale. Aus dem ursprünglichen, eher einer flachen Mulde vergleichbaren Durchstich wurde nun ein breiter, dazu tiefer Graben, dessen Aushub man als Auffüllung für die neu entstehende Terrasse des südlichen Palastbezirkes benutzte – eine Maßnahme, die ihre nächste Parallele in der zur gleichen Zeit angelegten Bastion des Sphinxtores hat.

Zwei mächtige Viadukte – die ältesten bisher bekannten Bauten dieser Art im Alten Orient – verbanden Büyükkale mit der Oberstadt. Es handelt sich um verschiedenzeitliche, einst mindestens 85 m lange und bis zu 10 m hoch aufragende Konstruktionen, die in leicht abweichenden Richtungen, die ältere mehr westlich, die jüngere mehr südlich, von dem Südtor des Palastes über den Sattel hinweg zu dem gegenüberliegenden Plateau vor Nişantepe führen und vor dessen Nordhang enden (Abb. 130, 131). Ihre Bindung an dieses Tor zeigt, daß sie zusammen mit dem jüngsten Palast, d. h. zur Zeit Tuthalijas IV. bzw. später, entstanden sind.

Abb. 123 Blick auf Büyükkale und den vorgelagerten Sattel (1962).

Abb. 124 Plan von Tempel 30.

Abb. 125 Blick von Nordwesten auf Tempel 30.

Beide Bauten waren wie die benachbarte Burg- und Stadtmauer als 7 bis 8 m breite Doppelmauern angelegt, deren maximal noch 4 m hoch anstehender Sockel bei dem älteren Bauwerk aus sorgfältig gefügten, kolossalen Werksteinen, bei dem jüngeren aus Bruchsteinen und Spolien bestehen, die zum Teil von dem zerstörten und offenbar nicht wieder aufgebauten Vorgänger stammen (Abb. 132, 133). Als Fundament diente bei dem älteren Viadukt der gewachsene Fels. Dort, wo er fehlte, hatte man eine massive Steinpackung vorgesehen, mit der zugleich die Unebenheiten des Geländes ausgeglichen wurden. Entsprechend verfuhr man auch bei dem jüngeren Viadukt, jedoch mit dem Unterschied, daß das südliche Kopfende des Baus – statt auf ein Fundament gesetzt zu sein – gegen ein regelrechtes Widerlager stößt, das man am Hang in Form von zwei breiten, geböschten Bahnen aus Steinpflaster angelegt hatte.

Wie im Brandschutt des jüngeren Viaduktes gefundene Reste zeigen, stand auf den Steinsockeln einst ein Mauerwerk aus Lehmziegeln. Den darüber verlaufenden Weg hat man sich, entsprechend dem Wehrgang auf der Stadtmauer, wahrscheinlich als lehmbeschichtete und durch Estrich oder Pflaster befestigte Balkendecke vorzustellen (Abb. 138). Durch den Brandschutt dürfte andererseits auch hier wieder – wie mit den spätgroßzeitlichen Brandruinen auf der benachbarten Büyükkale und in den Tempelvierteln der Oberstadt – auf die große, das Ende Ḫattušas besiegelnde Katastrophe hingewiesen sein, während die Zerstörung der älteren Anlage, wenn nicht auf natürliche Ursachen, so doch vielleicht auf die von uns mit der Kurunta-Affäre zusammengebrachten Ereignisse zurückzuführen ist, für die sich, was wir gleich sehen werden, auch noch andere Indizien in diesem Gebiete andeuten.

Der Bezirk von Nişantepe

Der Nordbau-Komplex

Folgen wir nun von Büyükkale den durch die Viadukte in Richtung auf Nişantepe und die Oberstadt angegebenen Wegrouten: Der ältere Viadukt führt zunächst direkt zu einem aus vier Gebäuden – dem sog. Nordbau, Südbau, Ostbau und einem Torbau – bestehenden Komplex mit einem steingepflasterten Innenhof.

Der die Westseite des Hofes säumende, offenbar das Hauptgebäude des Komplexes repräsentierende Nordbau bildete

Abb. 126 Keilschriftliche Orakeltexte aus Tempel 30.

Abb. 127 Nişantepe, Hieroglypheninschrift Šuppiluliumas II.

Abb. 128 Südburg, phrygische Ostmauer nach ihrer Freilegung 1988.

Abb. 129 Luftaufnahme von Nişantepe und der Südburg (1958).

eine etwa 34 m lange und 24 m breite Anlage, deren Plan sich noch anhand der erhaltenen Fundament-, zum Teil auch Sockelreste im wesentlichen gewinnen ließ (Abb. 134). Er ist durch zwei durchgehende Quermauern symmetrisch in einen schmäleren Mittelteil sowie zwei breitere Seitentrakte gegliedert, wobei im Mittelteil die aus Vor- und Hauptraum kombinierte Eingangshalle untergebracht gewesen sein dürfte. Das bestätigt außerdem eine Gruppe von Werksteinen, die in ebendiesem Bereich verstürzt oder sekundär verlagert vorgefunden wurde und sich als Sockel einer dreijochigen, mit breitem Portal und seitlichen Loggien versehenen Portikus erwies (Abb. 135 bis 137).

Von den anschließenden Trakten war der nördliche zum Teil unterkellert (im Plan Abb. 134 schraffiert angegeben). Im südlichen gab es angesichts der noch in situ liegenden monolithen Türschwellen mindestens fünf Räume. Dort existierte neben der Südostecke noch ein zweiter Hauseingang, der eine direkte Verbindung zu dem unmittelbar angrenzenden Südbau vermittelte.

Insgesamt gesehen handelt es sich bei dem Nordbau um einen typischen Vertreter des hethitischen Hallenhauses, d. h. eines erst in der Großreichszeit aufkommenden Gebäudetypus, der auch auf Büyükkale und in der Unterstadt Ḫattušas belegt ist und offenbar die Funktion eines Wohnhauses erfüllte. Entsprechendes wird man also auch in unserem Falle annehmen dürfen, wobei angesichts des Standortes und der relativ reichen, durch die Werksteinarchitektur gebotenen Ausstattung auf ein repräsentativen Zwecken dienendes offizielles Gebäude hingewiesen ist.

Der Südbau besteht lediglich aus einem einzigen schmalen Raum, der sowohl vom Nordbau als auch vom Hofe aus durch auffallend breite, an ihren über 2 m langen Steinschwellen erkennbare Türöffnungen zugänglich war. Er wird von einer mächtigen, z. T. aus kyklopischen Felsblöcken aufgeschichteten Außenmauer eingefaßt, die zugleich als Stützmauer gegen das südwärts ansteigende, zu einer künstlichen Terrasse ausgeweitete Gelände diente und sich noch bis an die Ostseite des Komplexes fortsetzte. Aus dem einschließlich der Türschwellen in den Nordbau einbindenden Mauerwerk ist ersichtlich, daß der Südbau mit ihm zusammen entstand, aber allem Anschein nach für eine gesonderte Funktion bestimmt war.

Hinweise hierauf könnten sich mit späteren Umbauten andeuten, von denen

Abb. 130 Ballonfoto von den Viadukten vor Büyükkale und dem Grabungsgebiet bei Nişantepe.

Abb. 131 Blick von Büyükkale auf die Viadukte.

Abb. 132 Werksteinsockel des älteren Viaduktes.

Abb. 133 Sockelmauer und Widerlager des jüngeren Viaduktes.

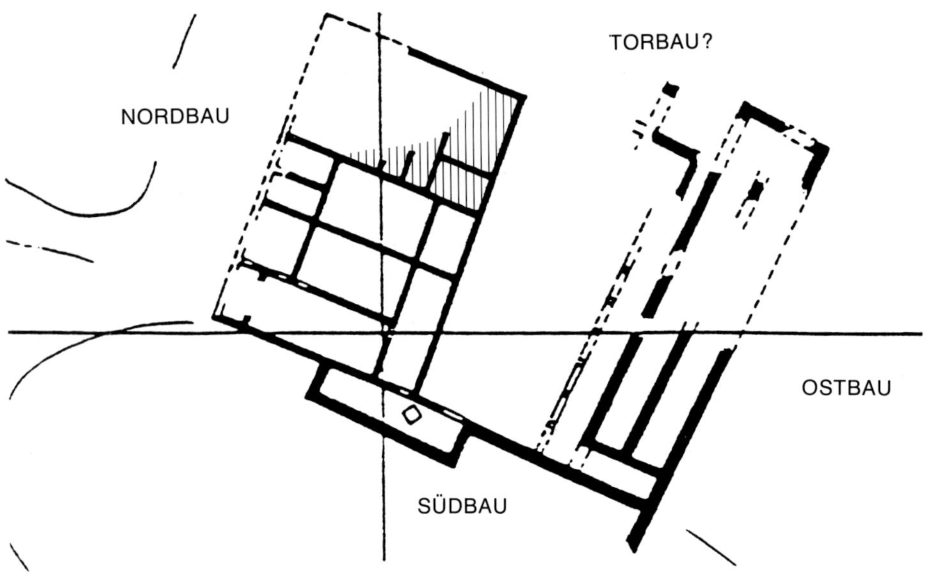

Abb. 134 Nişantepe, Nordbau-Komplex. Die Untergeschoß-Partie ist schraffiert.

Abb. 135 Der Nordbau nach der Restaurierung.

nach einer Zerstörung größeren Umfanges beide Gebäude betroffen waren und in deren Folge der Südbau bis auf sein Ostende aufgegeben wurde. Dort entstand nun unter Wiederverwendung von Steinmaterial aus dem Gebäudeabbruch – darunter auch Fragmente einer hethitischen Hieroglypheninschrift (Abb. 139) – ein kleiner, viereckiger Schacht, der noch über einen mit zwei Stufen erhaltenen, steilen Treppenabgang begehbar war (Abb. 142). Zwei an seinem Boden vorgefundenen Miniaturäxten nach zu urteilen, die wahrscheinlich nicht für praktischen Gebrauch gedacht waren, sondern Votivgaben darstellten, könnte der Schacht kultischen Funktionen, etwa im Sinne einer Opfergrube, der Südbau mithin als Opferstätte gedient haben.

Der gegenüber dem Nordbau gelegene, nur noch mit spärlichen Fundamentresten erhaltene Ostbau bildete offenbar eine lange zweischiffige Halle, die am Südende durch einen gepflasterten Querraum beschlossen wurde. Angesichts in situ vorhandener Teile eines Werksteinsockels mit Pfeilerbasis sowie in der Umgebung vorgefundener zugehöriger, aber sekundär verlagerter Stücke war dem Ostbau – wie den Palastbauten auf Büyükkale – hofwärts eine Pfeilerhalle vorgelagert (Abb. 140).

Der erst in Ansätzen erfaßte Torbau am Nordende des Hofes scheint – wie der Nord- und Südbau – mit zwei verschiedenzeitlichen Anlagen vertreten zu sein, von denen die ältere mit kolossalen Steinquadern ausgestattet war. An ihrer Funktion als Torhäuser wird man im Hinblick auf die Lage kaum zweifeln dürfen (Abb. 145).

Durch ebendiesen nach Büyükkale weisenden Eingang, der dazu so angeordnet war, daß er auf dem Wege nach Nişantepe zwangsläufig passiert werden mußte, zeigt sich deutlich, daß der Nordbaukomplex in enger funktionaler Beziehung zu dem Palast auf Büyükkale gestanden haben muß. Vielleicht handelt es sich um ein *ḫalentuwa*-Haus, d. h. um eine Art Palais, wo nach Aussage hethitischer Texte der König auf seinem Wege vom Palast zum Tempel – der in unserem Falle durch die Tempelstadt vertreten wäre – Station machte, um nach bestimmten Zeremonien und Opferhandlungen sein Amt als geistlicher Würdenträger zu übernehmen.

Der sog. Westbau und das Palastarchiv

Auf eine enge Verbindung zum Königspalast weist auch der unweit vom Nord-

Abb. 136 Nordbau, Werksteine mit Dübellöchern vom Portikus in Fundlage.

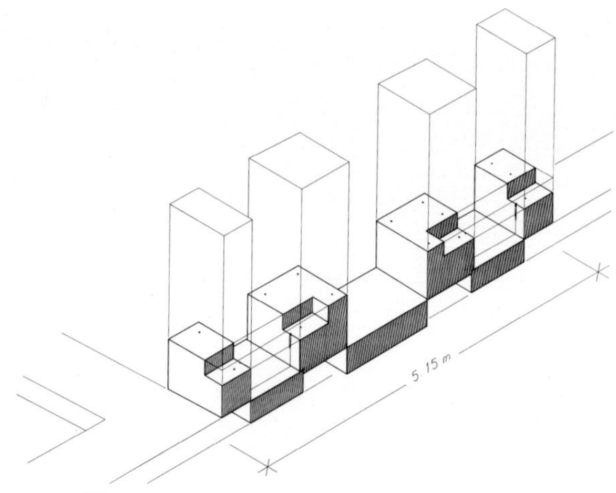

Abb. 137 Rekonstruktionsskizze vom Portikus.

baukomplex, abseits des Hauptweges gelegene sog. Westbau hin, jedoch weniger durch seine Lage und Architektur als durch sein Inventar.

Als Standort des Gebäudes diente eine weit nach Westen vorspringende Felsnase mit südwärts anschließendem, steil abfallendem Hanggelände (Abb. 146). Aufgrund dieser exponierten Lage sind natürlich große Teile des Gebäudes, das offensichtlich – wie sich schon vor Beginn der Grabung durch verschlackte Lehmziegel und kalzinierte Steine an der Oberfläche ankündigte – in einem verheerenden Feuer zerstört wurde, erodiert und verschwunden. Erhalten blieben außer einzelnen Mauerauflagern und Sockelresten auf dem Felsen nur die verbrannten Mauerstümpfe der stufenförmig in den Hang eingreifenden Gebäudesubstruktionen. Alles zusammen läßt sich zu einem langgestreckten Bau von 50 m Länge und 25 m Breite ergänzen, der unter Ausnutzung der Hanglage mit zwei Untergeschossen versehen war (Abb. 143, 144).

In drei Räumen (Raum 1–3) des untersten südlichen Flügels wurden über 1000 gesiegelte Tonbullen, dazu 11 gesiegelte Tontafeln gefunden, die allesamt durch die Feuersbrunst mehr oder weniger intensiv gebrannt sind. Hinzu kommen über 2300 weitere Tonbullen sowie 19 fragmentarisch erhaltene Tontafeln, die aus dem talwärts abgestürzten Gebäudeschutt geborgen werden konnten (Abb. 141).

Die Bullen besitzen überwiegend kegel- oder zapfenförmiges Format. Ihre Größen sind sehr unterschiedlich und variieren von kaum 1 cm großen Mini-Exemplaren bis hin zu fast faustgroßen Stücken. Alle besser erhaltenen Stücke weisen an ihren Spitzen die Löcher und Abdrücke von Schnüren auf, vermittels derer sie einst – in ungebranntem Zustand, versteht sich – höchstwahrscheinlich an hölzernen Schrifttafeln befestigt waren. Die Siegelabdrücke finden sich in der Regel an der Unterseite; doch ist eine große Anzahl auch mit Teilabdrücken auf den Seiten versehen.

Die Mehrzahl der Tonbullen, d. h. etwa zwei Drittel, trägt die Abdrücke großköniglicher Siegel. Vertreten sind sämtliche Herrscher der Großreichszeit, wie aus einem Vergleich der chronologischen Tabelle (Abb. 238) mit der statistischen Fundübersicht (Abb. 240) ohne weiteres zu entnehmen ist, d. h. von Šuppiluliuma I. bis zum letzten Regenten in Ḫattuša, seinem Ururenkel Šuppiluliuma II. Titel und Name des Siegelinhabers stehen in Hieroglyphen im Mittelfeld, umrahmt von Keilschriftlegenden, die nochmals den Titel und Namen wie-

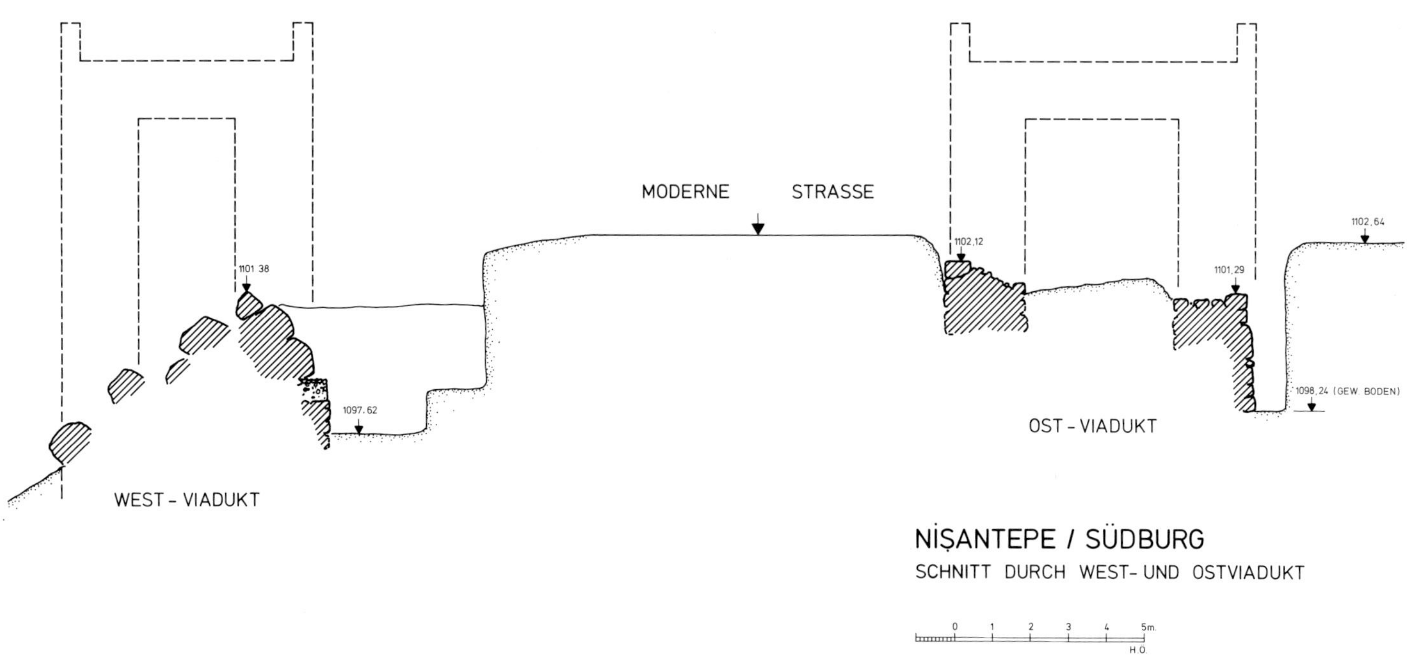

Abb. 138 Schnitt durch die Viadukte.

Abb. 139 Südbau, Bruchstücke von hethitischer Hieroglypheninschrift.

Abb. 140 Ostbau mit Sockelresten der Pfeilerhalle.

derholen, dazu die nächsten Vorfahren nennen und meistens mit einer Fluchformel enden. Neben den Siegeln von Großkönigen kommen auch solche von Großköniginnen vor, entweder in ihrer Rolle als Gemahlin oder als Königsmutter. In jedem Falle ist damit bezeugt, daß die Großkönigin als Mitregentin aktiv an der Regierung beteiligt war.

Šuppiluliuma I. ist sowohl einzeln als auch mit Siegeln vertreten, die ihn zusammen mit seinen Frauen, einer Großkönigin mit Namen Hinti und einer babylonischen Prinzessin namens Malnigal, nennen (Abb. 147, 153). Es folgen seine Söhne Arnuwanda II. und Muršili II., letzterer auch mit der nunmehr zur Großkönigin avancierten Malnigal, die in diesem Falle aber offenbar die Königsmutter repräsentiert (Abb. 150, 154, 155). Die Serie setzt sich fort mit dem Sohne Muršilis, Muwatalli II., und seiner Gemahlin, der Großkönigin Danuḫepa. Beide treten sowohl mit eigenen als auch mit gemeinsamen Siegeln auf (Abb. 156 bis 158). Ihr Sohn und Nachfolger, Muršili III. alias Urḫitešup, ist auf fast 600 Siegelbullen vertreten, teils allein, teils mit seiner Mutter oder mit dem Vater, teils auch – auf einigen zweiseitig gesiegelten Exemplaren – mit beiden zusammen (Abb. 148, 149, 151).

Gemeinschaftliche Siegel von Großkönig und Großkönigin sind vor allem durch den Onkel Muršilis III., den Usurpator Ḫattušili III., und seine Gemahlin Puduḫepa vertreten, eine höchst engagierte Königin, die offensichtlich an dem Thronraub nicht unbeteiligt war, und zwar nicht zuletzt – wie sich jetzt aus der Bronzeurkunde vom Sphinxtor entnehmen läßt –, um ihren Sohn, Tutḫalija IV.,

Abb. 141 Westbau, Tonbullen in Fundlage.

Abb. 142 Südbau, Opfergrube.

in die Thronfolge einzusetzen (Abb. 152). Dieser ist durch fast 700 Siegelbullen belegt, die eine reichhaltige Auswahl an Motiven und Formaten bieten (Abb. 159). Dabei fällt auf, daß Tutḫalija im Gegensatz zu seinen Vorgängern immer allein, d. h. ohne Großkönigin, auftritt.

Das betrifft auch die letzten Könige der Reihe, Arnuwanda III. und Šuppiluliuma II. (Abb. 160, 161). Arnuwanda präsentiert sich zum Teil mit Siegeln, die durch das Berggott-Motiv große Ähnlichkeit mit den Prunksiegeln seines Vaters besitzen. Šuppiluliumas II. Siegel unterscheiden sich von denen seines gleichnamigen Vorfahren dadurch, daß sein Name immer – wie beim Bruder und Vater – mit der sog. großen Aedicula versehen ist, einer Kombination, die außer der Flügelsonne und dem Großkönigstitel noch den Namen Labarnas als zusätzlichen Titel aufweist.

Dieselbe Aedicula erscheint auch auf zwei Siegelbullen des Großkönigs Kurunta, mit dessen Auftreten, wie oben ausgeführt, zur Zeit Tutḫalijas IV. oder danach ein kurzes Interregnum in Ḫattuša einsetzte (s. o. S. 19, Abb. 41, 42).

Der Name Kurunta tritt außerdem bei den Funktionärssiegeln auf, die zusammen mit einigen Königssiegeln und an die 200 Prinzensiegeln das restliche Drittel der Tonbullenkollektion stellen (Abb. 162). Sie repräsentieren überwiegend Namen von Schreibern oder sonstigen Hofbeamten, die zum Teil – wie am Beispiel Kuruntas ersichtlich, wie aber auch die übrigen Prinzensiegel bezeugen – königlicher Herkunft sind und damit zum Hofadel gehören. Daß sich darunter manch ehrgeiziger Höfling befand, dürfte mit dem unter Abb. 165 gezeigten, fast wie ein großköniglicher Stempel wirkenden Siegelabdruck eines Prinzen in der Funktion des ‹Oberschreibers› angedeutet sein.

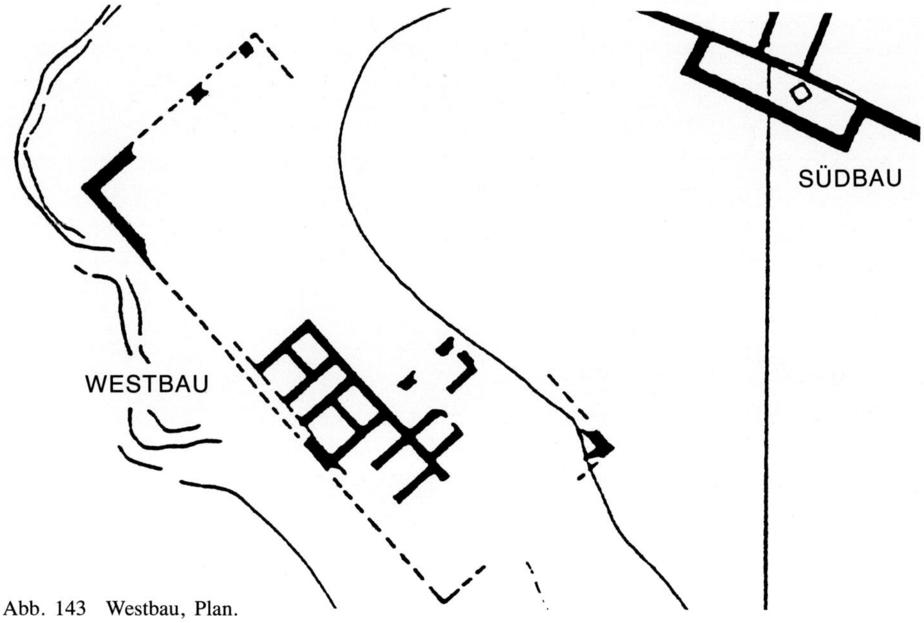

Abb. 143 Westbau, Plan.

Bei den Keilschrifttafeln handelt es sich ausnahmslos um sog. Landschenkungsurkunden, wie wir sie schon mit einigen Beispielen aus dem zentralen Tempelviertel vorstellten (s. o. S. 30). Sie tragen allesamt Siegelabdrücke althethitischer Großkönige (Abb. 163, 164, 166). Namentlich vertreten sind die Großkönige Ḫantili II., Ḫuzzija II. und Muwatalli I., deren Regentschaft in die zweite Hälfte des 15. Jhs. v. Chr. fällt. Angesichts dieser Sammlung ist man geneigt anzunehmen, daß auch die einst mit den Tonbullen verbundenen Dokumente solche Schenkungsurkunden repräsentierten, und zwar – wie die fast lückenlose Aufreihung der Großkönige zeigt – in chronologischer Fortsetzung der Serie.

Soweit sich aus der Verteilung der aus dem Gebäudeinnern stammenden Fundstücke schließen läßt, waren sowohl die Tonbullen als auch die Landschenkungs-

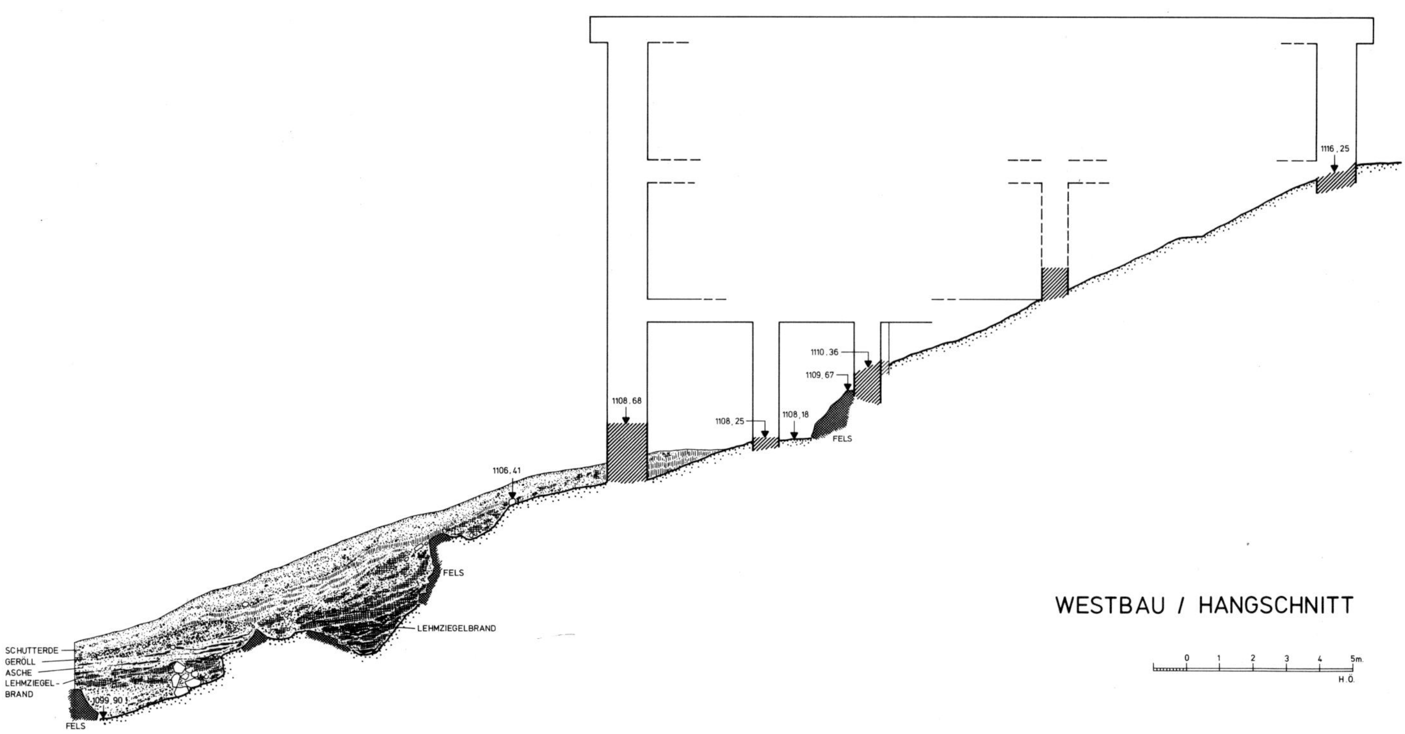

Abb. 144 Westbau, Schnittprofil.

Abb. 145 Blick auf Büyükkale vom Nordbau-Komplex.

Abb. 146 Blick von Sarıkale auf die Ruine des Westbaus (1990).

Abb. 147 Westbau, Tonbulle mit Siegelabdruck von Šuppiluliuma I. bzw. Šuppiluliuma I. und Hinti. – Abb. 148 Westbau, Tonbulle mit Siegelabdruck von Urhitešup und Danuḫepa.

Abb. 149 Westbau, Tonbulle mit Siegelabdruck von Muwatalli II. – Abb. 150 Westbau, Tonbulle mit Siegelabdruck von Arnuwanda II.

Abb. 151 Westbau, Tonbulle mit Siegelabdruck von Muršili III. – Abb. 152 Westbau, Tonbulle mit Siegelabdruck von Ḫattušili III. und Puduḫepa.

Abb. 153 Westbau, Siegelabdruck von Šuppiluliuma I. und Malnigal.

Abb. 154 Westbau, Siegelabdruck von Muršili II.

Abb. 155 Westbau, Siegelabdruck von Muršili II. und Malnigal.

urkunden ursprünglich, nach den Siegeleigentümern und anscheinend auch nach Typen gesondert, in den drei Räumen des untersten Geschosses archiviert (Abb. 168, 169). Dabei fällt die sehr unterschiedliche Anzahl der Stücke auf, was den Eindruck erweckt, als ob das Archiv nicht eine normale, seit Generationen angelegte Sammlung vertritt, sondern kurzfristig unter bestimmten Aspekten angelegt wurde, und zwar unter Šuppiluliuma II., der sich, wie wir gleich sehen werden, in diesem Gebiet ohnehin durch rege Bautätigkeit auszeichnete.

Inhaltlich weitgehende Entsprechungen bieten sich zu einer Tonbullensammlung an, die bereits in einer der ersten von K. Bittel unternommenen Grabungskampagnen im Palast auf Büyükkale entdeckt wurde. Sie läßt nicht daran zweifeln, daß es sich – wie dort – auch bei unserer Kollektion um ein Palastarchiv handelt. Der Westbau selbst könnte folglich als Verwaltungsgebäude gedeutet werden, das, wie aus seiner Lage hervorgeht, vermutlich dem benachbarten Nordbaukomplex angeschlossen war. Seine untergeordnete Funktion kommt auch durch die Distanz zu dem offiziellen Weg in die Oberstadt zum Ausdruck.

Dessen weiterer Verlauf ist vor allem durch die Ausrichtung des jüngeren Viaduktes deutlich gekennzeichnet. Demnach führte er – an einem Wasserbecken zur Linken vorbei (Abb. 167 a, b) – geradenwegs zur Felsanlage von Nişantepe, mit der die nächste Station auf dem Wege in die Oberstadt gegeben ist.

Die Felsanlage von Nişantepe

Nişantepe bildet eine flache Felskuppe, die durch einen tiefen, durchgehenden Spalt in einen nordwestlichen und einen südöstlichen Teil getrennt wird. Hiervon springt der südöstliche in leicht spitzem Winkel gut 10 m nach Osten vor, wodurch ein zweiseitig von Felswänden umschlossener, natürlicher Hof entsteht (Abb. 170). In diesen Hof mündete der alte Weg ein.

Die Felsanlage setzt sich aus drei Komponenten zusammen, nämlich der Hieroglypheninschrift Šuppiluliumas II., die am nördlichen Ende der Ostwand des Felsens angebracht ist, einem Gebäude auf dem Felsen sowie einer dort hinaufführenden Rampe.

Von dem Gebäude auf dem Felsen künden nur noch die in den Felsgrund eingetieften Mauerbetten. Das Mauerwerk selbst ist am Orte bis auf wenige Reste verschwunden. Der aus diesen Relikten gewonnene Plan ergibt ein mindestens 38 m langes und bis zu 35 m breites, nordwest-südöstlich ausgerichtetes Gebäude, das sich, der Felsform angepaßt, in einen größeren nordwestlichen und

Abb. 156 Westbau, Siegelabdruck von Muwatalli II.

Abb. 157 Westbau, Siegelabdruck von Danuḫepa.

Abb. 158 Westbau, Siegelabdruck von Muwatalli II. und Danuḫepa.

Abb. 159 Westbau, Siegelabdruck von Tutḫalija IV.

Abb. 160 Westbau, Siegelabdruck von Arnuwanda III.

einen kleineren südöstlichen Flügel gliedert (Abb. 174).

Wie durch die Rampe angezeigt ist, lag der Eingang in einem etwa 10 m breiten Rücksprung zwischen den beiden Flügeln an der Ostseite des Gebäudes, d. h. über dem Felsspalt, den man mit einer kyklopischen Stützmauer zugesetzt hatte. Von dort gelangte man zunächst in einen lediglich durch einen Felsabsatz markierten, quergelagerten Vorplatz oder Vorraum (1), dem sich ein ebenfalls quergelagerter, großer Saal (2) anschloß. Er war auf allen vier Seiten von Räumen umgeben, die sich aber nur andeutungsweise fixieren lassen (Raum 3–11).

Von der Rampe blieben noch die unteren Sockelschichten einer älteren und jüngeren Anlage erhalten (Abb. 172). Der ältere, knapp 7 m breite Bau war entsprechend den Viadukten vor Büyükkale als Doppelmauer aufgeführt, die hier jedoch an der Südseite zum Teil durch die steile Felswand ersetzt wird. Wie sich aus der Rampenböschung einerseits und der Niveaudifferenz zwischen dem Vorgelände und der Felsoberfläche andererseits ergibt, muß die Rampe gegenüber den heute noch nachweisbaren 14 m eine Länge von mindestens 35 m besessen haben. Sie griff also ähnlich der Rampe von Tempel 5 weit in das Vorgelände aus, doch so, daß davor noch genügend Platz für den in die Oberstadt führenden Weg verblieb.

Der jüngere Bauzustand ist durch eine dem alten Bauwerk an der Nordseite vorgesetzte zweite Mauerschale dokumentiert, wodurch die Rampe nunmehr auf 8 m verbreitert wurde (Abb. 171). Im Gegensatz zu dem älteren, entsprechend der Rampenneigung schräg angelegten Mauerwerk sind die Lagerfugen der jüngeren Rampe horizontal durchgeschichtet.

Als Baumaterial fanden bei beiden Rampen für die Außenschalen quaderförmig zugerichtete Werksteine Verwendung, bei der jüngeren vielfach in Form sekundär verbauter Stücke, die vermutlich von dem Altbau stammten. Innenschale und Mauerfüllung bestehen aus groben Bruchsteinen. Der Raum zwischen den Doppelmauern war wie bei den Viadukten vor Büyükkale ursprünglich hohl und wurde erst nachträglich, beim Bau der jüngeren Rampe, mit Felsbrocken und Steinschutt zugefüllt.

Interessant ist in diesem Zusammenhang die Feststellung, daß unter der Füllung, d. h. auf dem Boden des Altbaus, eine dicke Schicht aus Lehm, Asche und verkohlten Holzresten lagerte. Denn damit ist nicht nur erwiesen, daß die Lauffläche wie bei den Viadukten aus einer Lehm-Balken-Decke bestand, sondern auch, daß dieser Bau neben den Viadukten und dem Nordbaukomplex das dritte Objekt im Vorfeld Büyükkales ist, das offensichtlich von einer umfassenderen zwischenzeitlichen Zerstörung heimgesucht wurde.

Höchst qualitätvolles Sockelmauerwerk dürfte angesichts des am Fuße des Felsens abgestürzt vorgefundenen Materials auch das Gebäude auf dem Felsen ausgezeichnet haben (Abb. 173) – und nicht nur das: es gab auch ‹Kunst am Bau›. Den ersten Beweis dafür lieferte das Oberteil eines unvollendeten, überlebensgroßen Portallöwen, den Th. Makridi bei seinen Schürfungen vor dem Felsspalt entdeckte (Abb. 175).

Die neuen Ausgrabungen förderten nun statt – wie erwartet – weiterer zugehöriger Löwenfragmente andere Reliefbruchstücke zutage: zunächst einen mit rosetten- und bänderförmigen Motiven besetzten Block, der über der Rampe in phrygischem Mauerwerk verbaut vorgefunden wurde, dann nahebei, aber offenbar in originaler Sturzlage, ein zweiter, der dazu besser erhalten war und deutlich das gleiche Motiv, jedoch spiegelbildlich wiedergegeben, zeigt (Abb. 178,

Abb. 161 Westbau, Siegelabdruck von Šuppiluliuma II.

Abb. 162 Tonbullen mit Abdrücken von Funktionärssiegeln aus dem Westbau.

Abb. 163 Althethitische Landschenkungsurkunden aus dem Westbau.

Abb. 164 Westbau, Landschenkungsurkunde in Fundlage.

Abb. 165 Tonbulle mit Siegelabdruck eines Prinzen und Oberschreibers aus dem Westbau.

179). Wozu die beiden jeweils 90 cm hohen und über 1 m breiten Blöcke gehörten, blieb zunächst rätselhaft, klärte sich aber bald durch andere Bruchstücke auf, die, ebenfalls in Fallage, inmitten des Gebäudeschuttes zu Füßen des Felsens zum Vorschein kamen.

Es handelt sich um Teile vom Vorderleib mit dem Ansatz des linken Beines sowie um die linke Kopfhälfte einer en face dargestellten kolossalen Sphinx mit üppiger Haartracht, die im Stil der ägyptischen Hathorfrisur über der Brust zu großen Locken eingerollt ist (Abb. 176, 177), außerdem um einen dritten mit Rosetten verzierten Stein, der dicht daneben lag und nicht nur exakt an den zweiten paßte, sondern mit ihm zusammen den zur Sphinx gehörigen Kopfaufsatz in Form eines Rosettenbaumes bildete (Abb. 180–182). Zuschnitt und Anschlußflächen der Blöcke zeigen überdies deutlich, daß das Relief auf der rechten Seite eines Tores mit seitlich anschließender, hoher Werksteinmauer stand.

Es gab daher kaum Zweifel, daß der zuerst gefundene Rosettenstein von der linken Seite des Tores stammen mußte. Das bestätigte dann auch bald ein Fragment vom Leib der linken Sphinx, das

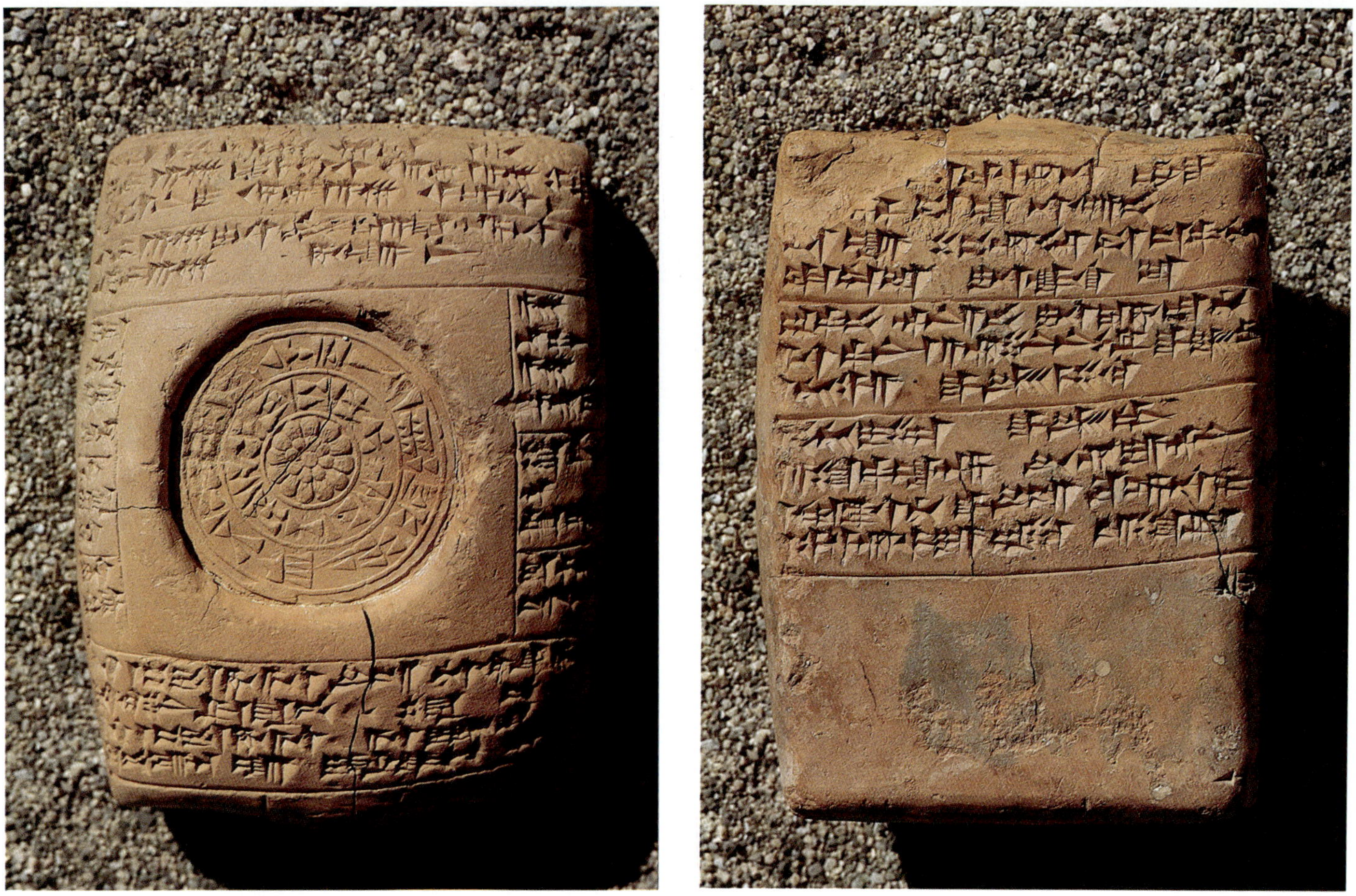

Abb. 166a. b Vorder- und Rückseite der Landschenkungsurkunde von Abb. 164 nach der Reinigung.

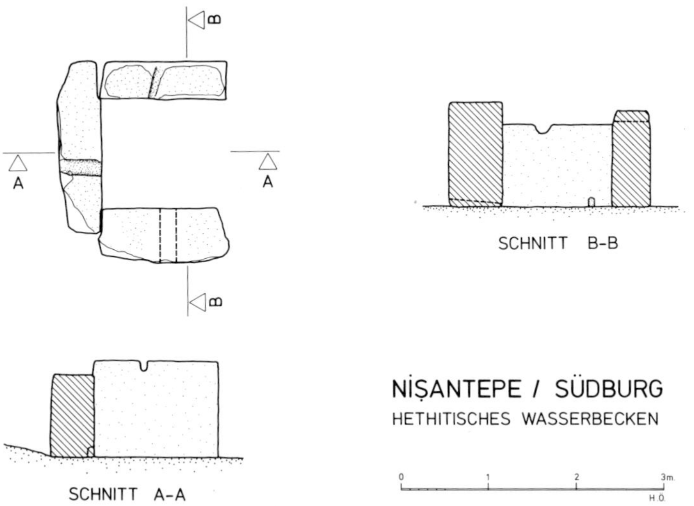

Abb. 167a Hethitisches Wasserbecken, Plan.

Abb. 167b Hethitisches Wasserbecken, Ansicht von Süden.

Abb. 168 Westbau, Archivräume.

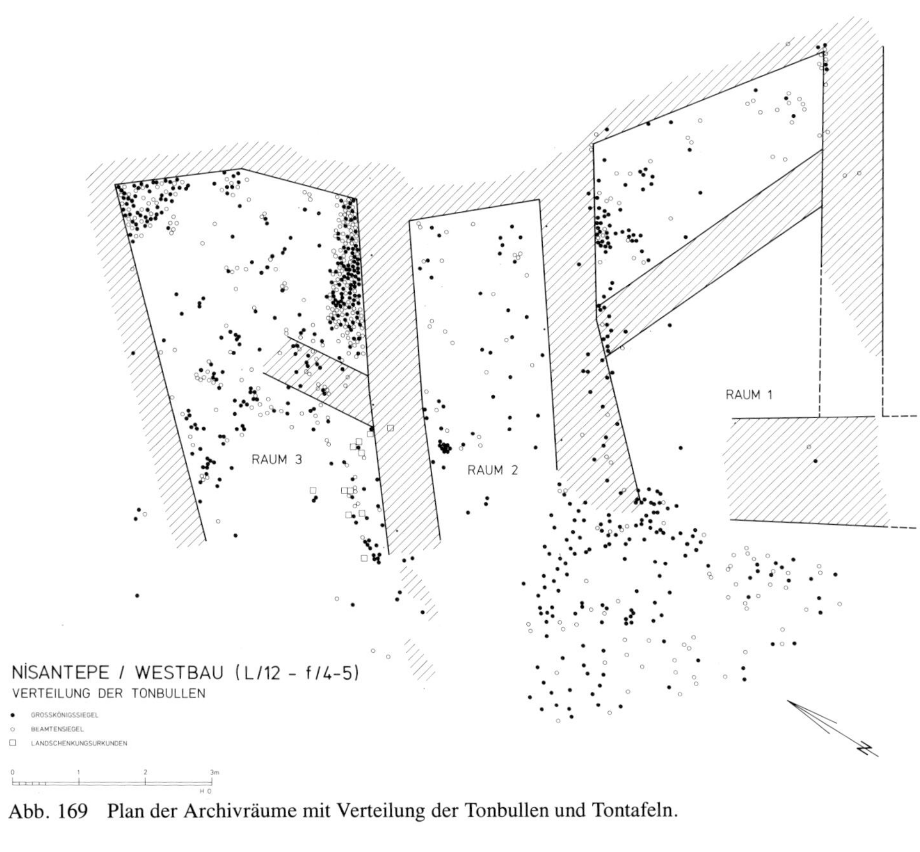

Abb. 169 Plan der Archivräume mit Verteilung der Tonbullen und Tontafeln.

nicht weit von dessen Fundort entfernt, dazu in derselben phrygischen Anlage verbaut, entdeckt wurde (Abb. 183).

Das Ganze läßt sich, wie in der Rekonstruktionsskizze (Abb. 184) dargestellt ist, zu einem parabolisch geformten Tor ergänzen, das links und rechts von Sphingen flankiert war. Somit entspricht es formal und konstruktiv dem Königs- und Löwentor in der Oberstadt, fällt allerdings mit ca. 2,0 m statt 3,3 m Breite und 3,2 m statt fast 5,0 m Höhe viel kleiner aus (Abb. 186, 188).

Für die Gestaltung der Sphingen bieten sich die nächsten Parallelen mit dem Sphinxtor in Alacahüyük (s. Abb. 115). Übereinstimmungen finden sich auch in der Größe. Der Kopfaufsatz ist dort zwar weitgehend weggebrochen, aber, soweit erkennbar, ebenfalls als Rosettenbaum mit seitlich herabhängenden Bändern konzipiert. Haartracht und Hathorlocken sind bei den Sphingen von Nişantepe jedoch detaillierter und – gemessen an den offenbar aus der ägyptischen Kunst entnommenen Vorbildern – korrekter wiedergegeben.

Der Rosettenbaum findet sich außerdem fast identisch, d. h. bis auf die bänderförmigen Attribute, bei den Sphingen am Sphinxtor in der Oberstadt wieder, während die Sphingen selbst abweichend gestaltet sind und auch geringere Abmessungen besitzen (Abb. 185, 187). Auffallend ist vor allem, daß die Sphingen dort statt der Haartracht Hörnerhelme mit Wangenklappen tragen, denen die Rosettenbäume als Helmbusch aufgesetzt sind. An die Hathorlocken erinnern nur noch spiralig eingerollte Bänder, die seitlich von den Helmen auf die Brust herabfallen.

Hinsichtlich des Standortes der Sphingen besteht aufgrund der Fundlage kein Zweifel, daß er sich am Austritt der

Rampe, d. h. im Eingang des Gebäudes auf dem Felsen befand. Der Portallöwe wird dagegen zu einem zweiten Tor gehören, das im Innern des Gebäudes, und zwar – wieder auf den Fundort bezogen – wahrscheinlich im Bereiche des Südflügels zu suchen ist. Ein ähnliches Arrangement scheint man auch bei den Tempeln 2 und 3 in der Oberstadt vorgesehen zu haben, wo angesichts der Fundplätze jeweils am Haupteingang Sphingen, am Zugang zum Adyton Löwen postiert gewesen sein dürften (s. o. S. 40).

Vielleicht ist damit auch ein Hinweis auf die kultische Funktion unseres Gebäudes als Tempel gegeben, wofür jedoch der Plan, verglichen mit den typischen hethitischen Tempelgrundrissen, keinerlei Anhaltspunkte bietet. Doch wäre auch an andersartige Heiligtümer zu denken, z. B. an das in den hethitischen Texten erwähnte ^{NA4}*ḫekur*, ein offenbar kultischen Zwecken dienendes ‹Felsgipfelhaus›. Durch den Rosetten-Kopfaufsatz der Sphingen ist zudem außer der räumlich-axialen auch eine inhaltliche Verbindung zu dem Sphinxtor der Oberstadt aufgezeigt, was ebenfalls für eine kultische Funktion des Bauwerks von Nişantepe spricht. Ein wichtiger Hinweise für die Bedeutung wäre überdies durch die Felsinschrift geboten – wenn es sich dabei um jene Inschrift handelte, die Šuppiluliuma II. nach eigenen Aussagen zum Gedenken an seinen Vater anfertigen ließ, und zwar in Verbindung mit einem ^{NA4}*ḫekur*, das er mit dem Standbild seines Vaters ausstattete.

Hinsichtlich der Inschrift ist es jedenfalls so gut wie sicher, daß ihr Verfasser als der Bauherr der Felsanlage von Nişantepe – zumindest in der letzten Fassung – zu gelten hat.

Der Bezirk der sog. Südburg

Als weiteres Werk Šuppiluliumas II. haben offenbar auch die Anlagen im Bereich der Nişantepe gegenüberliegenden sog. Südburg zu gelten. Es handelt sich dabei um einen ausgedehnten Kultbezirk, dessen Mittelpunkt ein großer, künstlicher Teich bildete (Abb. 194).

Der ‹Heilige Teich›

Der bisher nur an seinem Westrand freigelegte, im übrigen aber durch einzelne Sondagen erfaßte Teich nimmt eine fast 6000 m^2 große Fläche in Form eines oblongen Vierecks ein, das sich von der

Abb. 170 Nişantepe von Osten.

Abb. 171 Nişantepe, Quadermauer des jüngeren Rampensockels.

Abb. 172 Nişantepe, Rampe mit phrygischer Überbauung.

Abb. 173 Nişantepe, Mauerversturz.

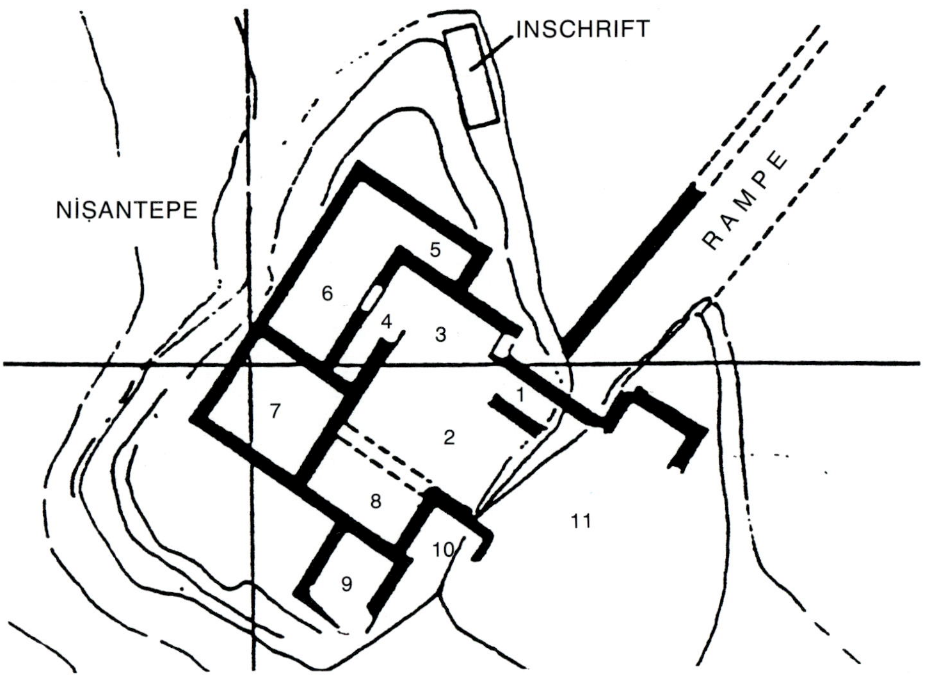

Abb. 174 Nişantepe, Plan.

Abb. 175 Nişantepe, unvollendeter hethitischer Portallöwe.

phrygischen Südburg südostwärts in Richtung auf die Stadtmauer erstreckt (Abb. 193). Er ist wie der künstliche Teich im zentralen Tempelviertel angelegt (s. o. S. 32), d. h. von flach geneigten, mit einfachen Bruchsteinen gepflasterten Böschungen eingefaßt, die am Südrand noch über 2 m hoch anstehen (Abb. 189, 190). Einzelnen in situ vorgefundenen Steinquadern nach zu urteilen, schloß dort die Böschung in ihrem östlichen Abschnitt mit einer Steinmauer ab, die zugleich die Begrenzung des zum Königstor führenden Weges gebildet haben dürfte. Im Westabschnitt der Südseite sowie im Westen und Norden war der Abschluß des Teiches – wie gleich zu schildern ist – anders gestaltet; im Osten wurde er bisher noch nicht gefunden.

Als Boden diente wieder der natürliche, aus weichem, wasserundurchlässigem Serpentin bestehende Felsgrund, den man zu einer horizontalen Fläche geebnet hatte. Darauf lag eine 15 bis 20 cm dicke graue Schicht fester, in dünnen Straten sedimentierter Tonerde, bei der es sich offenbar um eingeschwemmte Ablagerungen aus der Zeit handelt, als der Teich noch als Wasserbecken in Funktion war. In dieser Schwemmschicht steckten nämlich zahlreiche Miniaturgefäße, wie wir sie bereits als Votivkrüge und -näpfe aus den Tempeln der Oberstadt kennenlernten (s. o. Abb. 66) und wie sie außerdem, dazu in der gleichen Fundsituation, in anderen, mit dem Regenkult in Verbindung gebrachten Beckenanlagen im Palastbezirk auf Büyükkale nachgewiesen werden konnten. Über der Schwemmschicht folgte steinige Lehmerde, die auch nachhethitische Funde einschließt und damit zeigt, daß sie erst nach Aufgabe der Anlage entstanden ist.

Die Wasserversorgung des Teiches

Das Wasser des Teiches wurde von außerhalb der Stadt herbeigeleitet, und zwar – soweit sich aus der Topographie erkennen läßt – aus dem bewaldeten Bergland des İbikcam südlich der Oberstadt, dessen mit fast 1600 m höchster Punkt – im Volksmund ‹yağmur baba› (türk. ‹Regenvater›) genannt – wohl möglich in Fortsetzung einer auf hethitische Zeiten zurückgehenden uralten Tradition noch heute als heilige Stätte für Regenbeschwörungen dient (Abb. 195).

Erhalten blieb von der Wasserleitung die Unterführung in der Stadtmauer nördlich des Königstores, die bereits O. Puchstein 1907 entdeckte (Abb. 191). Sie besteht aus vier gleich breiten, aber unterschiedlich langen Kalksteinplatten, in die das Bett der Wasserleitung in Form von merkwürdigerweise zwei nebenein-

Abb. 176 Nişantepe, Bruchstücke von Sphinx 1 in Fundlage.

Abb. 177 Nişantepe, Kopffragment von Sphinx 1.

Abb. 178 Nişantepe, hethitisches Relieffragment (Rosettenstein 1).

Abb. 179 Nişantepe, Rosettenstein 2 in Fundlage.

Abb. 180 Nişantepe, Rosettenstein 3 in Fundlage.

Abb. 181 Rosettensteine 2 und 3.

Abb. 182 Sphinx 1, restauriert.

Abb. 183 Nişantepe, Bruchstück von Sphinx 2 in phrygischer Mauer.

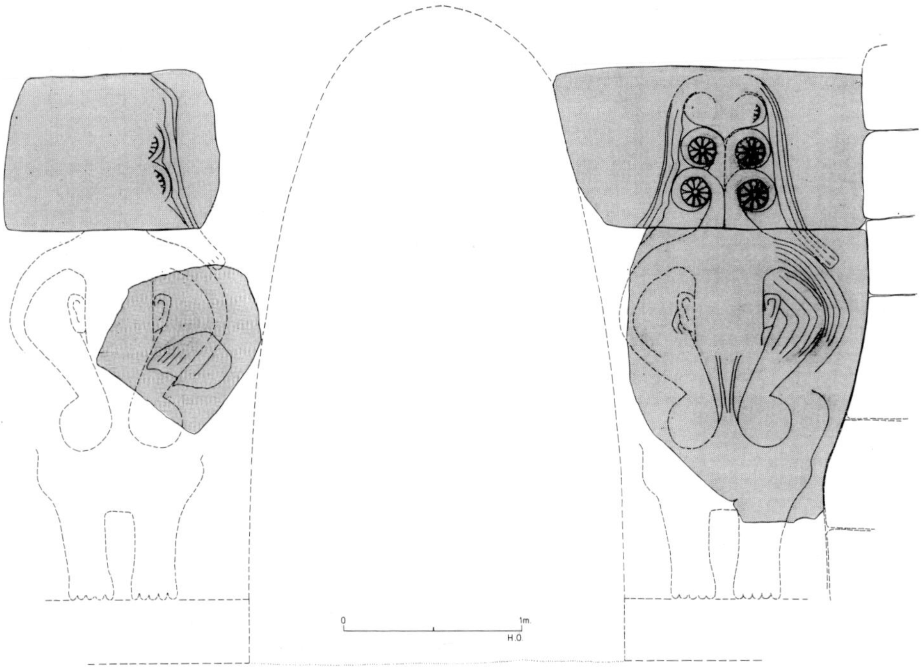

Abb. 184 Nişantepe, Sphinxtor, Rekonstruktion. – Abb. 185 Oberstadt, Sphinxtor: Sphinx am Nordeingang (nach K. Bittel, Boğazköy. Die Kleinfunde der Grabungen 1906–1912, WVDOG 60 [1937] Taf. 4–6).

Abb. 186 Königstor, Ansicht von Osten.

Abb. 187 Oberstadt, Sphinxtor: Sphinx am Südeingang.

Abb. 188 Königstor, Rekonstruktion (nach Puchstein [vgl. bei Abb. 32] Abb. 46).

ander angeordneten, dazu ungleich breiten Rinnen eingemeißelt ist. Die zwischen den Platten klaffenden Fugen waren – wie O. Puchstein noch feststellen konnte – mit Blei vergossen, das außerdem auf die zu flachen Falzen vertieften und mit Dübellöchern versehenen Stoßkanten übergriff (Abb. 192). Da entsprechende Abarbeitungen an den äußeren Enden fehlen, ist anzunehmen, daß sich die Steinplatten nur auf den Teil der Stadtmauer beschränkten.

Das Ganze war von einem Kragsteingewölbe überdeckt, dessen untere Schichten noch zwei bis drei Steinlagen hoch in situ anstanden. Es wurde stadtwärts durch eine rechteckige, von 1,1 m hohen

Steinpfeilern eingefaßte und einst mit einem monolithen – heute abgestürzten – Sturz überdeckte Öffnung abgeschlossen, die also hoch genug war, um die Leitung gelegentlichen Kontrollen unterziehen zu können. Um keine ungebetenen Besucher in die Stadt einzulassen, hatte man dagegen das äußere Ende der Unterführung wohlweislich mit einem ungefügen, kolossalen Steinblock zugedeckt, der direkt auf den Rinnen lag, dazu die schmälere Rinne mit einem Stein verstopft, also offensichtlich außer Funktion gesetzt.

Wie O. Puchstein bei seinen Untersuchungen anhand von Scherben feststellte, bestand die eigentliche Wasserleitung aus ineinandergesteckten Tonrohren. Ihr Bett konnte noch innerhalb des Stadtgebietes, etwa 120 m nordwestlich der Unterführung, durch einen schmalen, in eine natürliche Geländeschwelle eingetieften Graben nachgewiesen werden, der mit einem Gefälle von nur 2% auf die Mitte des Teiches zielt.

Der Staudamm und seine Einbauten

Dem Teich war an seiner Westseite und darüber hinaus noch nach Norden und Süden ausgreifend ein Erdwall vorgelagert, dessen aus braunem, humösem Lehm und verwittertem Serpentin bestehendes Material offensichtlich aus dem Teichaushub stammt. Seine rudimentären Reste wurden später von den Phrygern als Untergrund für ihre Burgmauer benutzt (Abb. 197, 198). Aus Sondagen, die vor und hinter der Burgmauer angelegt wurden, ergab sich, daß der Wall an der Basis eine Breite von 30 m besaß. Seine Höhe läßt sich anhand dieses Maßes und des Teichvolumens mit gut 2 m über dem Geländeniveau, d. h. 4 m über der Teichsohle, rekonstruieren. Es war also ein mehr breiter als hoher Damm, der zweifellos in der Funktion eines Staudammes den Teich an seiner talwärtigen Seite absichern sollte und sich ursprünglich noch entlang seinem Nord- und Südrand fortgesetzt haben dürfte. Zahlreichen in der phrygischen Burgmauer verbauten hethitischen Pflastersteinen nach zu schließen, war die Außenböschung des Dammes entsprechend der Bastion am Sphinxtor gepflastert und mit flachen Rinnen zur Ableitung des Oberflächenwassers versehen.

In den Staudamm waren drei Bauwerke integriert. In der Mitte seiner Westseite und deutlich auf die Längsachse des Teiches ausgerichtet, fanden sich die Reste einer etwa 5 m breiten und 4 m tiefen

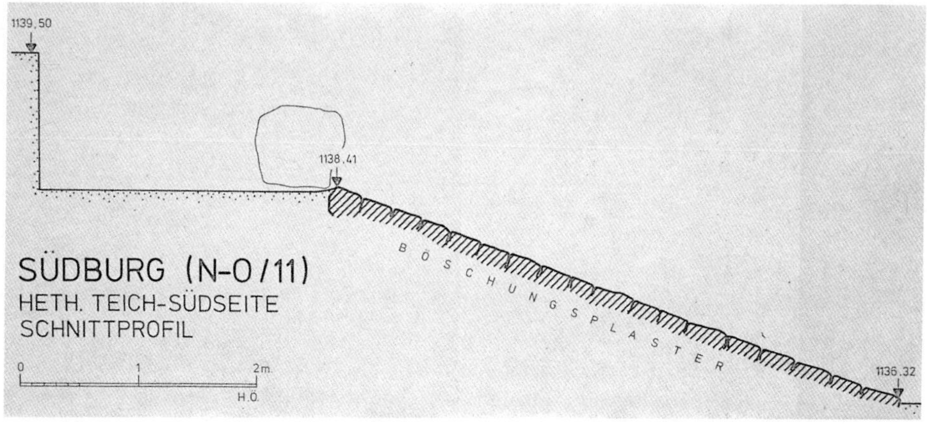

Abb. 189 Hethitischer Teich, schematischer Schnitt durch das Böschungspflaster.

Abb. 190 Hethitischer Teich, Böschungspflaster am Südrand.

Abb. 191 Hethitische Wasserleitung in der Stadtmauer beim Königstor.

Abb. 192 Hethitische Wasserleitung, Detail.

Abb. 193 Blick auf das Gebiet des hethitischen Teiches.

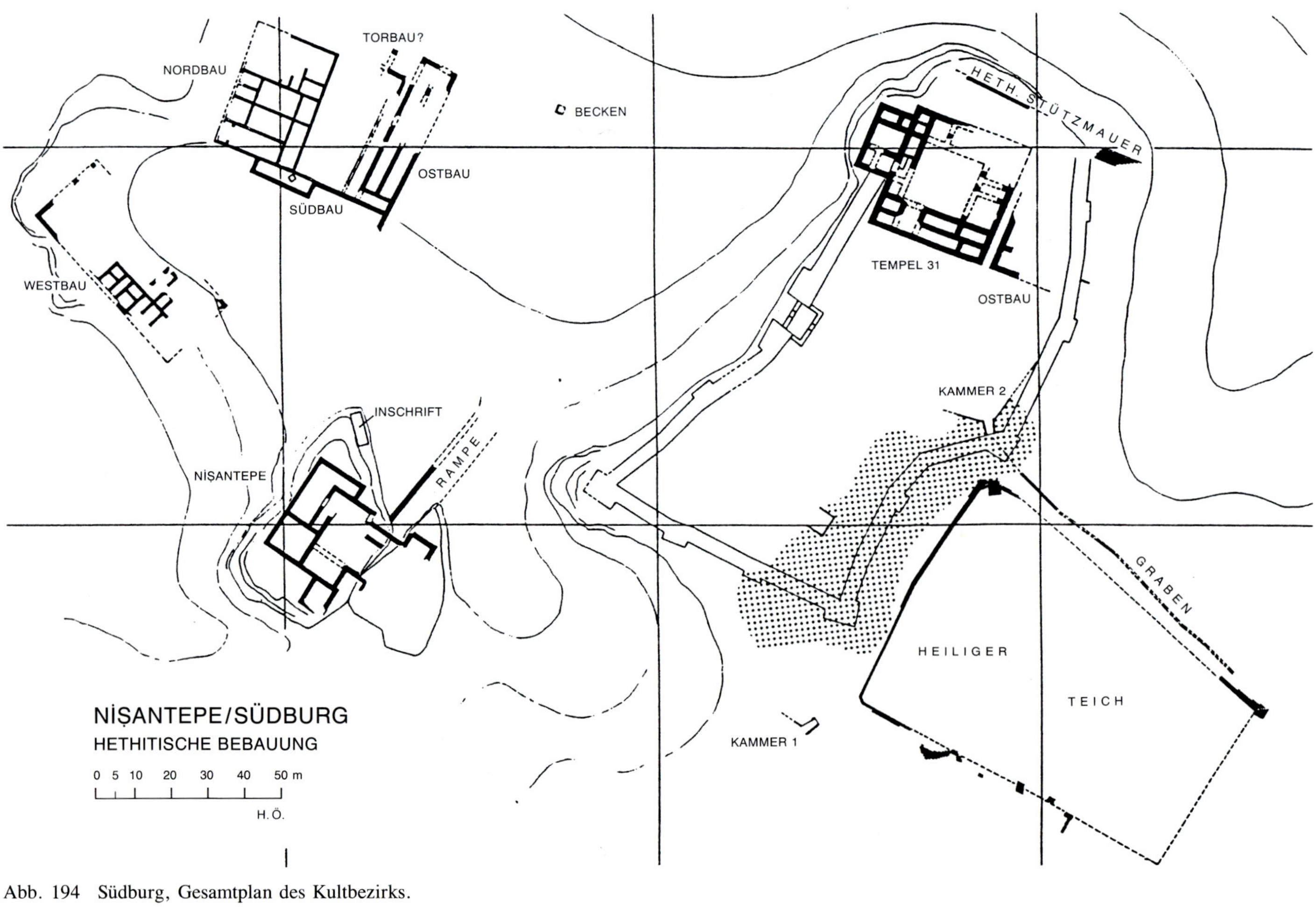

Abb. 194 Südburg, Gesamtplan des Kultbezirks.

Anlage, deren nur noch eine Steinschicht hoch anstehendes Mauerwerk in die Füllung des Dammes eingreift (Abb. 196). Wofür sie bestimmt war, läßt sich aufgrund des schlechten Erhaltungszustandes nicht mehr ermitteln.

Wesentlich günstiger steht es in dieser Beziehung um die beiden anderen Bauten. Dabei handelt es sich um zwei Kammern – Kammer 1 und 2 –, die unter der westlichen bzw. nördlichen Ecke des Staudammes lagen. Sie waren so angeordnet, daß ihre Längsachsen auf die Ecken des Teiches zielten und sich darüber hinaus – ähnlich den Achsen des Königs-, Sphinx- und Löwentores (s. o.) – mit der Achse des Mittelbaus in einem Schnittpunkt kreuzten. Die Kammern stellen identisch bemessene und konstruierte Bauten in Form sich nach innen verjüngender, parabolischer Gewölbe dar.

Von Kammer 1 gab es nur geringe Reste in situ; einige Blöcke lagen noch als Versturz herum. Der Rest ist, soweit nicht in den phrygischen Anlagen wiederverbaut, zusammen mit dem Erdwall durch natürliche Erosion abgetragen und verschwunden. Insgesamt kam immerhin noch ausreichend Material zusammen, um den Bau wenigstens in seiner hinteren Hälfte rekonstruieren zu können (Abb. 199, 200).

Kammer 2 und ihr Reliefschmuck

Kammer 2 blieb dank des Umstandes, daß sie von der phrygischen Burgmauer überbaut war, von umfassenderen Zerstörungen verschont. Der größte Teil befand sich noch als Mauerwerk an seinem

Abb. 195 Der Kultplatz des ‹yağmur baba› von İbikcam im Winter.

Abb. 196 Südburg, Mauerreste des hethitischen Einbaus auf der Westseite des Dammes, darüber phrygische Gebäudemauern.

Abb. 197 Hethitischer Teich, Westseite mit phrygischer Burgmauer im Frühjahr 1991.

Abb. 198 Hethitischer Teich, Westseite mit phrygischer Burgmauer nach der Freilegung 1990.

Abb. 199 Kammer 1 während der Grabung (1988).

Abb. 200 Kammer 1 nach der Restaurierung (1991).

Abb. 201 Kammer 2, Ansicht von Norden.

ursprünglichen Platze oder als Fallschutt davor, alles übrige Material in der Burgmauer (Abb. 201, 203, 205a, 207, 241). So ist es möglich, diese Kammer nicht nur zeichnerisch, sondern auch tatsächlich vollständig zu rekonstruieren – womit nunmehr, nach abgeschlossener Ausgrabung und Dokumentation, begonnen wurde (Abb. 204a.b, 205b, 206).

Die sich in voller Breite nach Norden öffnende und von hohen Stützmauern flankierte Kammer ist 4,0 m lang, vorne 2,0 m, hinten 1,6 m breit (Abb. 201, 202). Ihre Höhe läßt sich am Eingang mit 3,3 m, vor der Rückwand mit 3,1 m rekonstruieren. Die bis zu drei Lagen hoch anstehend vorgefundenen Seitenwände bestanden ursprünglich aus vier, vorne aus fünf Schichten, von denen die untere mit gut 1 m Höhe den senkrechten Sockel, die darüber folgenden, von 90 über 60 auf 50 bzw. 35 cm Höhe abnehmenden, mit deutlich einwärts abgeschrägten Standflächen und entsprechend nach innen geneigt, die eigentliche Gewölbeschale bilden. Diese schloß oben mit vier Scheitelsteinen ab, deren ausgerundete Kehle sich, dem Grundriß angepaßt, von vorn nach hinten verjüngt. Aus der Konstruktion geht somit deutlich hervor, daß es sich hier nicht – wie bei dem Tunnel unter dem Sphinxtor (s. Abb. 34) – um die in der hethitischen Steinarchitektur übliche Kragbauweise handelt, sondern um das – übrigens bisher älteste bekannte – Beispiel eines echten Gewölbes aus Stein.

Die Rückwand der Kammer ist noch mit ihrem Sockel und einer 1,5 m hohen, die ganze Raumbreite einnehmenden Wandplatte erhalten. Davor ist in dem Fußboden, der gut 1 m unter dem Niveau der Teichsohle liegt, in gleicher Breite eine schmale, rechteckige Grube von 50 cm Tiefe ausgespart. Sie war einst offenbar mit einem Gegenstand ausgefüllt, der – wie sich an einem durchlaufenden Falz erkennen läßt – unter die Rückwand griff. An die Grube schloß sich ein in den Felsgrund eingeschnittener, von der Erdauffüllung des Staudammes überdeckter Graben an (Abb. 208–210). Er verläuft im Abstand von 2 m parallel zum Nordrand des Teiches mit leichtem Gefälle in östliche Richtung. Sein Ende wurde bisher noch nicht erreicht, so daß sich auch über den Zweck der Anlage vorerst nichts aussagen läßt. Ein Zusammenhang mit der oben (s. S. 64, 66ff.) beschriebenen Wasserleitung kommt wegen des entgegengesetzten Gefälles auf jeden Fall nicht in Frage.

Reste des Staudammes fanden sich sowohl hinter als auch seitlich der Kam-

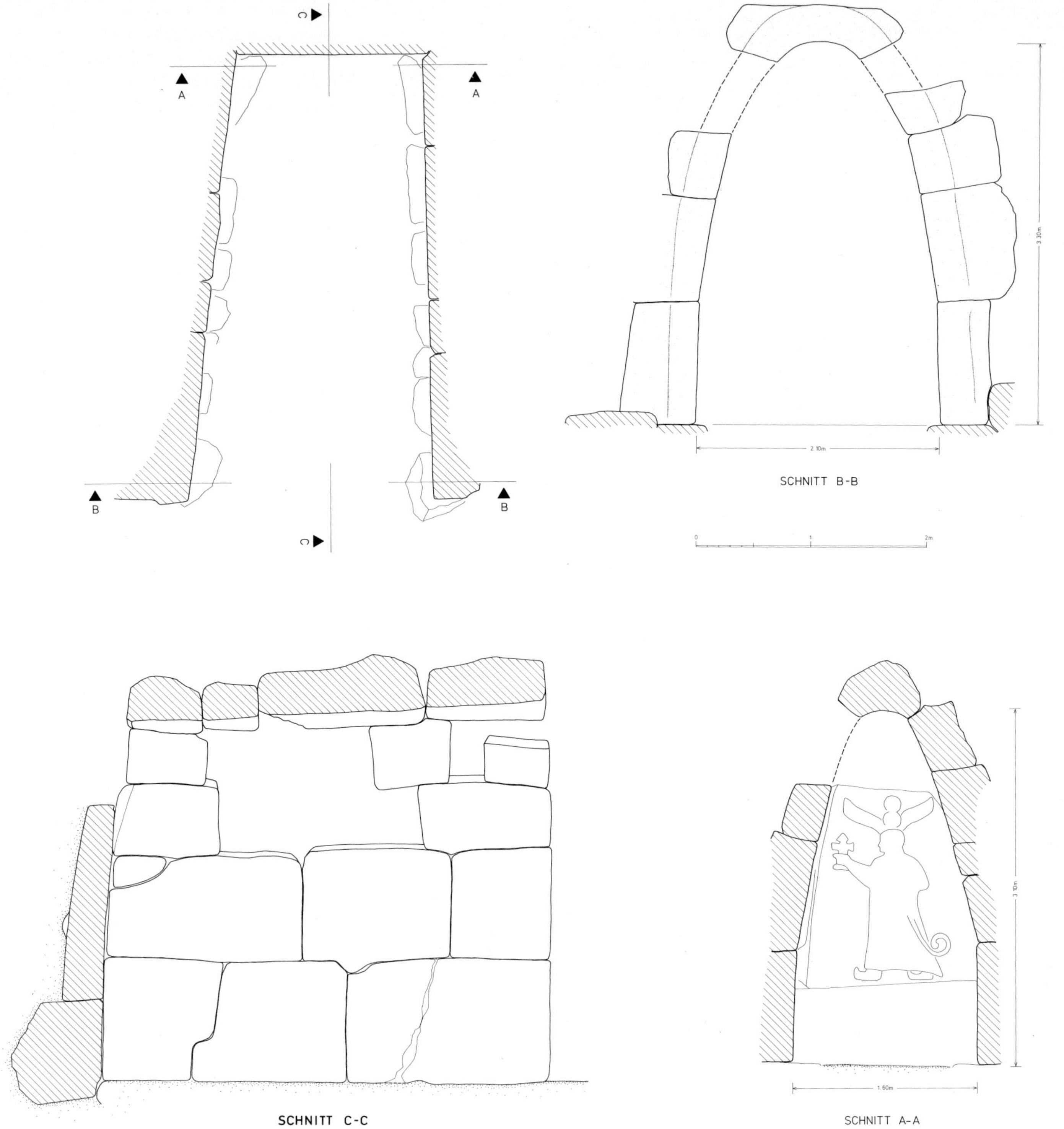

Abb. 202 Kammer 2, Plan und Schnitte.

mer. Er wurde vorne durch zwei schräg vom Eingang nach außen abgehende Stützmauern abgefangen, die zugleich die seitliche Begrenzung eines weit nach Norden ausgreifenden Vorplatzes bildeten.

Alle drei Kammerwände sind mit Reliefs versehen. Im Blickpunkt des Eintretenden – und damit zweifellos das Hauptwerk repräsentierend – befindet sich das Relief einer nach links gewandten Figur, die mit langer Robe bekleidet ist (Abb. 207, 211). Das mit einer runden Kappe bedeckte Haupt wird von der Flügelsonne bekrönt. Die linke Hand hält den Griff eines wohl als Lituus, d. h. als das Attribut königlicher Würde, zu deutenden Krummstabes. Die rechte Hand umfaßt einen Gegenstand, der einer ‹Monstranz› nicht unähnlich ist, wobei seine kreuzförmige Gestalt an das von den Hethitern aus der ägyptischen Hieroglyphenschrift übernommene Lebenssymbol ‹anch› erinnert. Entsprechungen zu der Figur bieten sich mit einem Relief in Yazılıkaya. Demnach könnte es sich um die Darstellung eines Sonnengottes handeln (Abb. 212).

In der Ostwand steht neben dem Eingang das in der phrygischen Burgmauer verbaut vorgefundene Relief eines mit Bogen und Lanze bewaffneten Kriegers, der ähnlich dem Relief aus Haus A am Tempel 5 (s. o. S. 35 f.) die Hörnerkrone eines Gottes trägt. Der vor seinem Haupt erkennbaren Namenskartusche zufolge repräsentiert er den Großkönig Šuppiluliuma (Abb. 213, 214).

Die gegenüberliegende Westwand be-

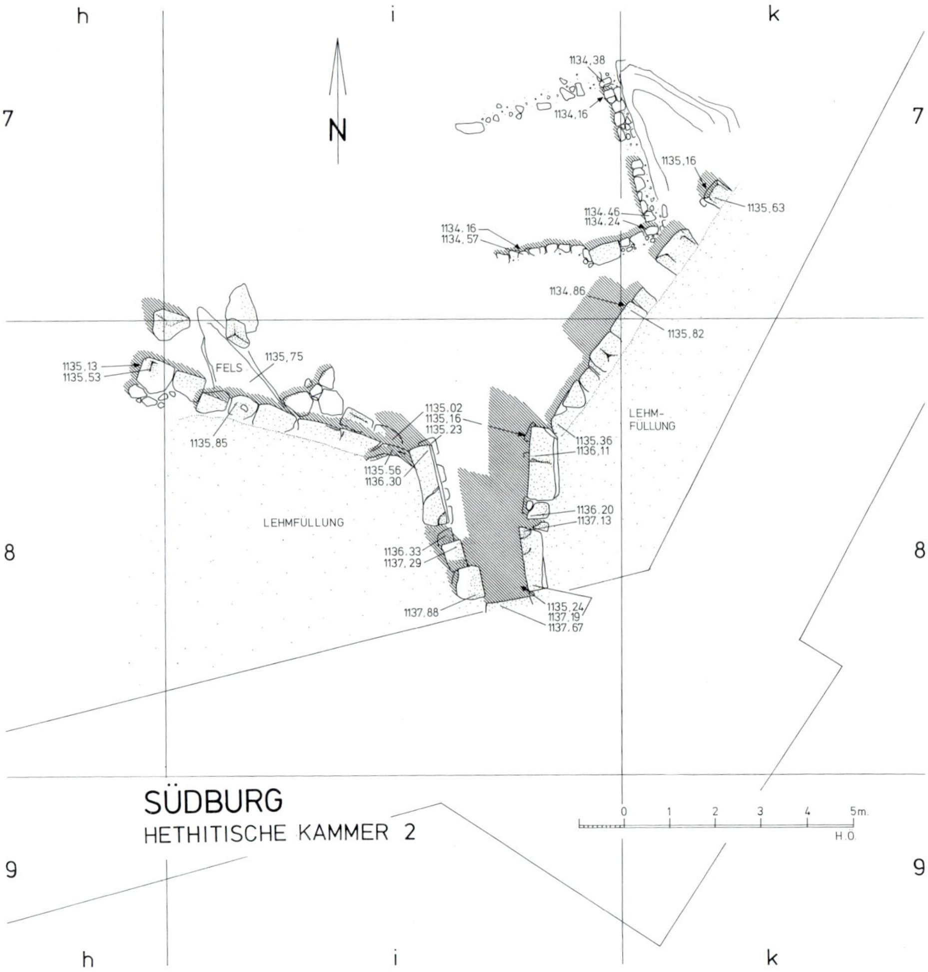

Abb. 203 Kammer 2, Plan der Gesamtanlage.

deckt in ganzer Länge auf den beiden unteren Quaderschichten eine sechszeilige Hieroglypheninschrift, von der zwei Blöcke ebenfalls in der phrygischen Mauer verbaut waren (Abb. 215–217, 219). Nach Angaben ihres Bearbeiters, J. D. Hawkins, handelt es sich um eine Gründungsinschrift, die sich auf die Kammer, im Text mit *«göttlicher Stein-/ Erdpfad in den Untergrund»* benannt, zu beziehen scheint. Als Verfasser und folglich auch Bauherr der Anlage hat der in der Inschrift mehrfach genannte Großkönig Šuppiluliuma zu gelten. Er berichtet außerdem von einem Feldzug in den Südwesten Anatoliens, u. a. auch gegen Tarḫuntašša, den er im Jahre der Gründung unternommen hatte. Die Erwähnung ebendieses Ortes, den wir durch den Kurunta-Vertrag kennenlernten, läßt nicht daran zweifeln, daß es sich bei dem Großkönig um den zweiten dieses Namens, nämlich Šuppiluliuma II., handelt. Das helfen auch die wenigen in der Erdfüllung des Staudammes und im Schutt der Kammer gefundenen Gefäßscherben bestätigen, die alle, soweit nachweisbar, in die späte Großreichszeit (Periode O.St. 2, s. o. S. 32 f.) datieren.

Bemerkenswert ist gerade im Vergleich zu den oben zitierten Reliefs von Tempel 5 und Yazılıkaya, daß vor allem

Abb. 204 a. b Kammer 2, Blick auf die inneren Seitenwände nach Abschluß der Restaurierungen (1992).

Abb. 205a Kammer 2, Blick auf die Gesamtanlage (1988).

Abb. 205b Kammer 2, Gesamtanlage nach Abschluß der Restaurierungen (1993).

Abb. 206 Kammer 2, Rekonstruktionsskizze.

Abb. 207 Kammer 2 während der Freilegung (1988).

Abb. 208 Kammer 2, Grube vor Rückwand mit lehmgefülltem Graben.

die beiden figürlichen Darstellungen sehr flach, dazu kaum detailliert, d. h. eigentlich nur in ihren Konturen angelegt sind. Vielleicht waren sie daher farbig bemalt, was sich allerdings nicht mehr nachweisen läßt. Im Hinblick auf die Kammer 1, die keine Reliefs besitzt, sondern, wie ihre z. T. noch ungeebneten Wandflächen zeigen, anscheinend nicht vollendet wurde, möchte man jedoch eher annehmen, daß die Reliefs der Kammer 2 unfertig blieben.

Die Bebauung im Nordteil der sog. Südburg

Gegenüber der Kammer 2 und deutlich auf deren Vorplatz bezogen liegen zwei Gebäude, die, dicht an dicht gestellt und in gleicher Flucht gelegen, die nördliche, mit einer steilen Felswand endende Spitze des Südburgmassivs einnehmen (Abb. 220, 221). Relativ gut erhalten blieb nur das westliche Gebäude, dessen Plan somit im wesentlichen wiedergewonnen werden konnte. Mit seinem großen Innenhof und dem westlich daranstoßenden Flügel mit hofwärts gelegener, schmaler Vorhalle und anschließendem großen Hauptraum sind deutliche Parallelen zu den hethitischen Tempelgrundrissen gegeben, so daß es sich bei der Anlage mit großer Wahrscheinlichkeit um einen weiteren Tempel, und zwar, in Fortsetzung der bisherigen Zählfolge, um den Tempel 31 in Ḫattuša handeln dürfte.

Das östliche Nachbargebäude, das man im Anschluß an den Felsen auf eine künstliche, durch eine hohe Stützmauer gesicherte Terrasse gesetzt hatte, ist bis auf seine Südwestecke völlig zerstört. Es scheint dem Tempel 31 an Größe nicht nachgestanden zu haben und wird mit ihm auch, wie durch die enge Nachbarschaft bezeugt ist, funktional eng verbunden gewesen sein.

Zur Funktion des Bezirkes der sog. Südburg

Angesichts ihrer Anordnung und der daraus ersichtlichen Beziehungen besteht kein Zweifel, daß die Bauten im Bereich der Südburg einen separaten Bezirk bildeten, der auf der Basis eines Gesamtplanes entstanden ist (Abb. 218). Er wurde vermutlich über die unbebaute Fläche im Westteil der Südburg erschlossen, die man, Felsplanierungen nach zu urteilen, zu einer ausgedehnten Hochterrasse hergerichtet hatte, welcher der Staudamm mit seinen Einbauten, der Tempel 31 und sein Nachbar zugewandt lagen. Wie sich der Zugang im einzelnen gestaltete, wissen wir nicht. Sicherlich wird er in der Gegend zu suchen sein, wo die Phryger später ihr Burgtor errichteten, d. h. gegenüber von Nişantepe – womit dann außerdem noch ein Bezug zu jener Anlage angedeutet sein könnte.

Daß der Bezirk sakraler Bestimmung war, ist durch den Tempel 31, durch die Kammer 2 mit ihren Reliefs und der Inschrift sowie durch die Votivgefäße in dem Teich bezeugt, wobei dieser, in Anlehnung an ägyptische Beispiele, vielleicht einen heiligen See repräsentierte.

Es wäre nicht die einzige derartige Kultanlage auf hethitischem Boden. Allein in Ḫattuša gibt es einschließlich der erwähnten Kultbecken auf Büyükkale (Abb. 226) noch fünf weitere vergleichbare Einrichtungen. Eine sechste dürfte außerdem mit dem vorher beschriebenen, allerdings noch nicht diesbezüglich erforschten Teich im zentralen Tempelviertel gegeben sein (s. o. Abb. 89). Ihre Größen sind sehr unterschiedlich und variieren von kleinen Bassins bis hin zu ausgedehnten Teichen.

Von den Anlagen außerhalb Ḫattušas soll nur der große Stausee von Karakuyu nahe der Straße Kayseri–Malatya genannt werden, weil er eindeutig als nächste Parallele zu unserem Teich zu gelten hat, und zwar sowohl wegen seiner Größe und Form als auch wegen des Befundes, daß er mit einem genau entsprechend gestalteten, dazu vollständig erhaltenen Staudamm versehen ist (Abb. 222, 223). Er wurde früher als profanes Wasserreservoir angesprochen, wird aber neuerdings aufgrund einer Weihinschrift Tutḫalijas, die sich in einer inmitten des Dammes eingebauten ‹Schleuse› befand, mit dem Quellkult in Zusammenhang gebracht.

Der Quellkult könnte auch im Hinblick auf den Teich im Kultbezirk der Südburg eine Rolle gespielt haben, vielleicht – wenn man die Inschrift in der Kammer 2 so auslegen darf – in Verbindung mit dem Unterweltskult. Unter diesem Aspekt aber ist eine im Bezirk des Großen Tempels in der Unterstadt gelegene unterirdische Quellgrotte zu nennen, die nicht nur ähnlich bemessen und gestaltet ist, sondern einer dort vorgefundenen Weihinschrift zufolge auch kultischer Bestimmung war (Abb. 224, 225). Vielleicht handelt es sich also um zweckverwandte Anlagen – jedoch mit dem Unterschied, daß die Quellgrotte im Innern mit einem Wasserbecken und der zugehöri-

Abb. 209 Graben am Nordrand des hethitischen Teiches.

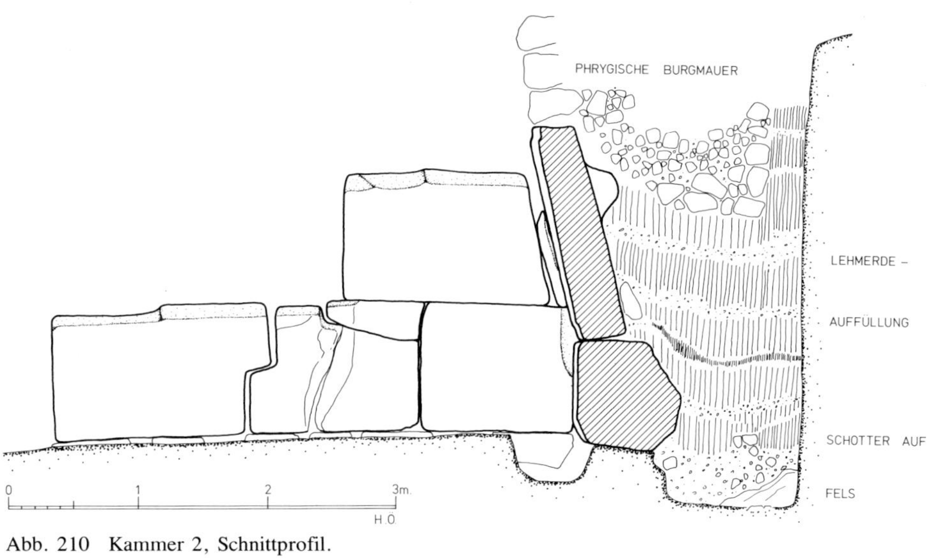

Abb. 210 Kammer 2, Schnittprofil.

Abb. 211 Kammer 2, Rückwand mit Relief des Sonnengottes.

Abb. 212 Yazılıkaya. Kammer A, Relief Nr. 34.

Abb. 213 Kammer 2, Relief des Großkönigs Šuppiluliuma am originalen Standort.

Abb. 214 Relief des Großkönigs Šuppiluliuma, in der phrygischen Burgmauer verbaut.

Abb. 215 Kammer 2, Steinblock mit Hieroglypheninschrift beim Wiedereinsetzen in die Westwand.

Abb. 216 Kammer 2, Westwand mit restaurierter Hieroglypheninschrift.

Abb. 217 In der phrygischen Burgmauer wiederverbauter Steinblock mit Hieroglypheninschrift.

Abb. 218 Südburg, isometrische Rekonstruktionsskizze von dem hethitischen Kultbezirk.

Abb. 219 In der phrygischen Burgmauer wiederverbauter Steinblock mit Hieroglypheninschrift.

Abb. 220 Südburg, Mauerreste von Tempel 31.

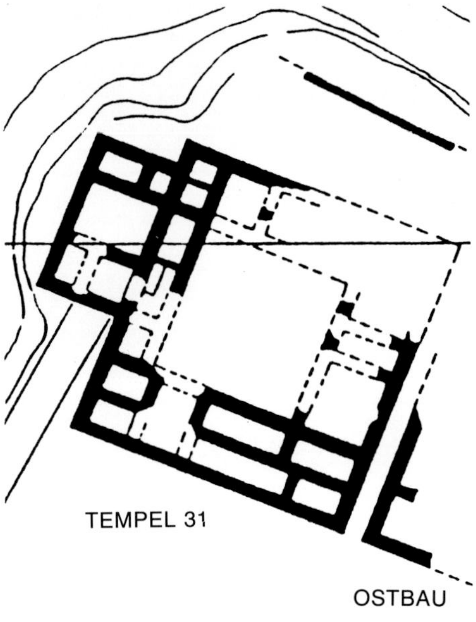

Abb. 221 Südburg, Plan von Tempel 31.

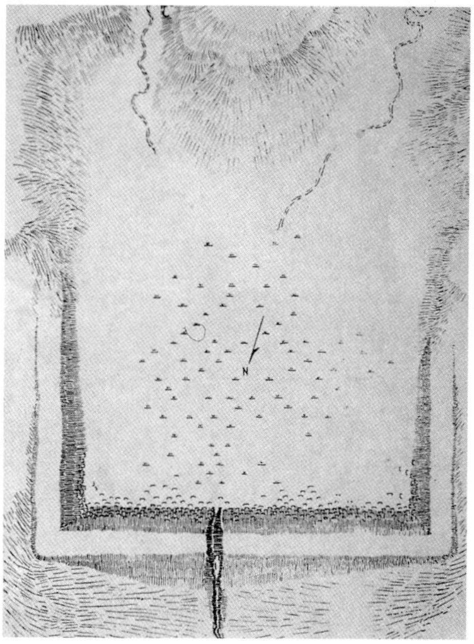

Abb. 222 Hethitischer Stausee von Karakuyu, Blick auf den Staudamm. – Abb. 223 Stausee von Karakuyu, Planskizze (nach H. H. von der Osten, Discoveries in Anatolia 1930/31, OIC 14 [1932] Abb. 113).

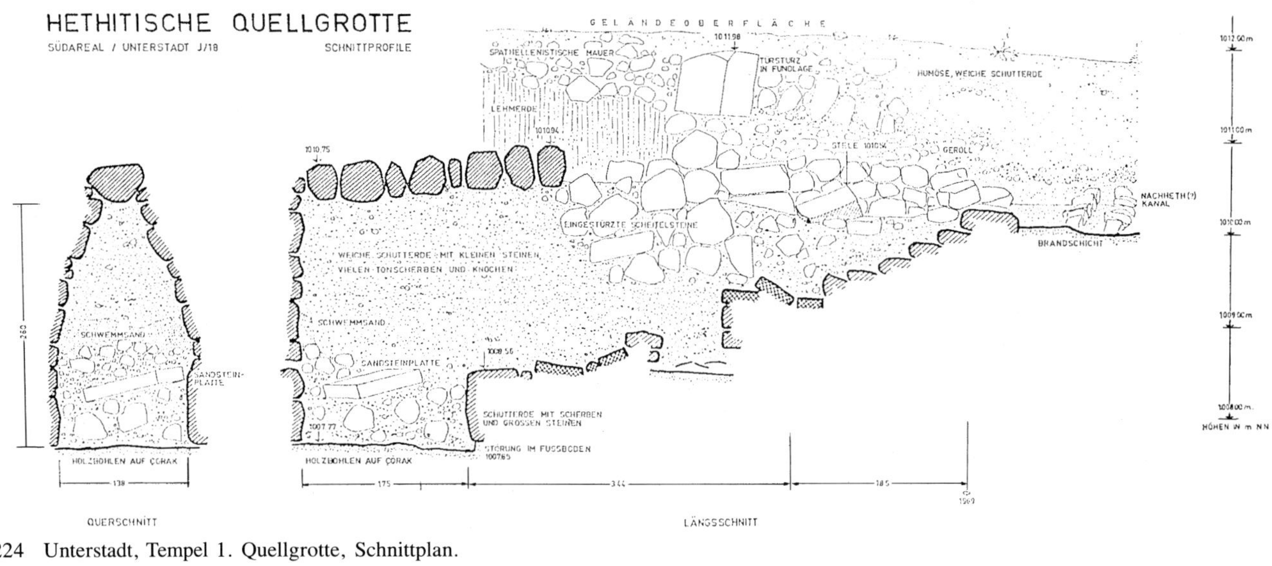

Abb. 224 Unterstadt, Tempel 1. Quellgrotte, Schnittplan.

Abb. 225 Unterstadt, Tempel 1. Innenansicht der Quellgrotte.

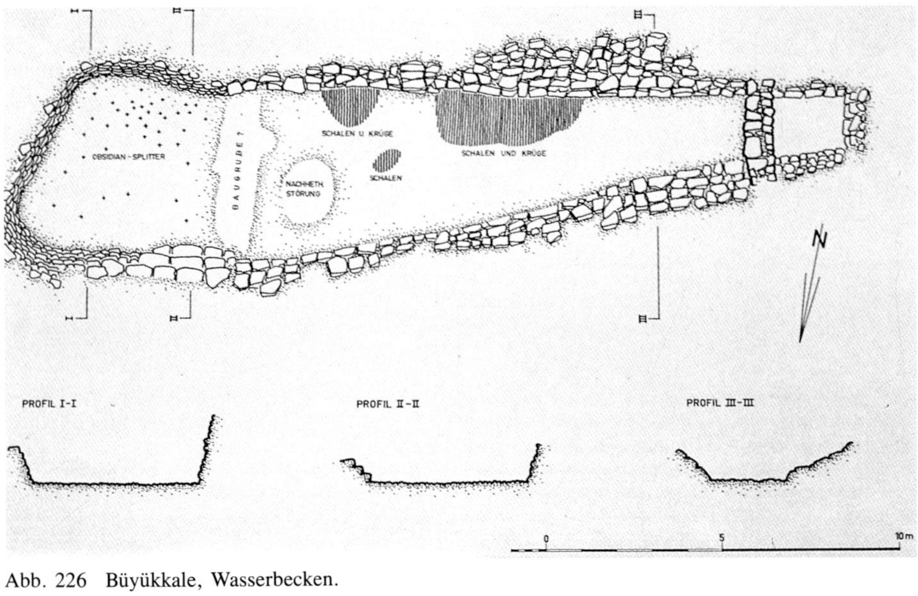

Abb. 226 Büyükkale, Wasserbecken.

gen, aus Zu- und Ablauf bestehenden Kanalisation ausgestattet war, während weder in der Kammer 2 noch in ihrem Pendant, der Kammer 1, vergleichbare Einrichtungen nachgewiesen werden konnten; doch mögen sie – wie beim Stausee von Karakuyu – in dem Mittelbau des Staudammes vorgesehen gewesen sein.

Hinweise auf die Funktion des Kultbezirks sind zweifellos auch mit den Reliefs des Sonnengottes (?) und des vergöttlichten Šuppiluliuma in der Kammer 2 gegeben. Dabei ist allerdings noch unklar, welche Rolle dem Sonnengott (?) mit dem vermeintlichen Lebenssymbol zukommt. Den vergöttlichten König möchte man am ehesten mit einem Schutzgott in Verbindung bringen, der den Eingang zu der Kammer oder – wie er in der Inschrift genannt wird – den Abgang in den Untergrund bewacht. So gesehen könnte also auch hier wieder auf einen Kult verwiesen sein, der die Unterwelt zum Thema hatte, angesichts des vergöttlichten Šuppiluliuma vielleicht sogar mit dem Totenkult zusammenhing. Falls mit dem Bildnis der Verfasser der Inschrift gemeint ist, was durch die Gegenüberstellung dieser beiden Reliefs angezeigt sein mag, wäre es außerdem vorstellbar, daß sich der Kult auf Šuppiluliuma II. und damit auf den Bauherrn des Komplexes bezog. Eine klärende Antwort auf diese Fragen wie auch die sich daraus ergebende definitive Deutung des gesamten Bezirkes werden hoffentlich die weiteren Forschungen erbringen.

Abb. 227 Sphinxtor, Tunnel (hethit., 13. Jh. v. Chr.).

Abb. 228 Bronzestatuette eines Gottes aus Tempel 4 (hethit., 13. Jh. v. Chr.).

Abb. 229 Oberstadt, byzantinische Kirche mit wiederverbauten hethitischen Spolien (im Bild links die Stele Tutḫalijas IV.).

Abb. 230 Yazılıkaya, 'Kleine Kammer (B)', Zug der «Zwölfgötter».

Abb. 231 Yazılıkaya, 'Große Kammer (A)', Prozession weiblicher Gottheiten.

Abb. 232 Yazılıkaya, 'Große Kammer (A)', Prozession männlicher Gottheiten.

Abb. 233 Yazılıkaya, Blick in die 'Kleine Kammer (B)'.

Abb. 234 Yazılıkaya, Blick aus dem Eingang zur 'Kleinen Kammer (B)' auf die Tempelruine.

Abb. 235 Unterstadt, Tempel 1, Magazine mit Vorratsgefäßen.

Abb. 236 Unterstadt, Blick auf die Ruine des Tempels 1 mit den umliegenden Magazintrakten. Im Hintergrund das Dorf Boğazkale.

Zusammenfassung

Im Hinblick auf die Gesamtanlage der Oberstadt zeigt sich gerade angesichts der allerjüngsten Grabungsergebnisse immer mehr, daß dem Plan dieser Stadt nicht nur eine räumlich-geometrische Ordnung zugrunde liegt – wie eingangs an der Verteilung der Stadttore und der Zuordnung der einzelnen Stadtviertel dargestellt wurde –, sondern daß er darüber hinaus nach ganz bestimmten funktionalen und geistigen Inhalten entwickelt zu sein scheint, wie sie durch die Beziehung Nişantepes zum Palast auf Büyükkale einerseits und zum Sphinxtor in der Oberstadt andererseits, vor allem aber in dem Gegenüber von Palast und Tempelstadt angedeutet sind, d. h. in dem Verhältnis vom Königshaus zur Götterwelt.

So gesehen, könnte die Stadtanlage gewissermaßen symbolisch das damalige kosmische Weltbild der Hethiter verkörpern – mit dem Palast als dem irdischen Diesseits, der Tempelstadt als dem göttlichen Jenseits und dem dazwischenliegenden Kultbezirk mit dem ‹Heiligen Teich› und dem ‹Steinpfad in den Untergrund› als dem Übergang von der vergänglichen in die ewige Welt.

Zugleich offenbart sich damit aber auch der Anspruch der hethitischen Herrscher auf die göttliche Würde – und das nicht nur nach dem Tode, sondern anscheinend auch schon bei Lebzeiten –, wie er z. B. auch in Yazılıkaya eindrucksvoll mit den Reliefs Tutḫalijas IV. demonstriert wird (Abb. 237). Daß bei alledem vor allem Einflüsse aus dem ägyptischen Raum eine Rolle spielten, liegt bei den eingangs geschilderten engen Beziehungen zu diesem Lande nahe. Doch sind sie in eigenen Vorstellungen aufgegangen, die aber letztendlich offensichtlich eine auf ähnlichen religiösen Ideen beruhende Weltordnung zum Ziele hatten.

Religiöses Empfinden, gepaart mit einem von Einfühlungsvermögen in die Landschaft geprägten planerischen Denken, und dazu technisches ‹Know-how› erklären also die Entstehung der Oberstadt. Dem großangelegten, vielleicht schon durch Ḫattušili III., den Vater Tutḫalijas IV. und Erbauer des Großen Tempels in der Unterstadt, inspirierten und noch mit großem Aufwand von dem letzten hethitischen Herrscher, Šuppiluliuma II., betriebenen Unternehmen, das unter Einschluß des Palastes die Schaffung einer Götterresidenz zum Ziele hatte und in das wahrscheinlich auch die übrigen zum Teil noch unerforschten Teile des Stadtgebietes einbezogen waren, wurde jedoch durch den Zusammenbruch des hethitischen Reiches und die Zerstörung der Hauptstadt ein vorzeitiges Ende bereitet.

Abb. 237 Yazılıkaya, Tutḫalija-Relief in Kammer A.

Anhang

Daten	Könige	Königinnen
nach 1600	1. Ḫattušili I.	
1531 Eroberung von Babylon	2. Muršili I. (Sohn von 1.)	
	3. Ḫantili I. (Schwager von 2.)	
	4. Zidanta I. (Schwiegersohn von 3.)	
	5. Amunna (Sohn des 4.)	
	6. Ḫuzzija I.	
nach 1500 Thronfolge-Erlaß	7. Telipinu (Sohn des 5., Schwager von 6.)	
	8. Alluwamna (Schwiegersohn von 7.)	Ḫarapšili
	9. Ḫantili II.	
	10. Zidanta II.	
	11. Ḫuzzija II.	
	12. Muwatalli I.	
	13. Tarḫuwaili?	
	14. Ḫattušili II.?	
	15. Tutḫalija II. (= I.?)	Nikalmati
	16. Arnuwanda I. (Schwiegersohn von 15.)	Ašmunikal
	17. Tutḫalija III. (Sohn von 16.)	
ca. 1345–1320	18. Šuppiluliuma I. (Sohn von 17.)	Daduḫepa Hinti Malnigal
	19. Arnuwanda II. (Sohn von 18.)	
	20. Muršili II. (Sohn von 18.)	Malnigal Gaššulawija
ca. 1275 Schlacht bei Kadeš	21. Muwatalli II.	Danuḫepa
	22. Muršili III./Urhitesup (Sohn von 21.)	Danuḫepa
ca. 1265–1235 ca. 1259 Vertrag mit Ägypten	23. Ḫattušili III. (Sohn von 20.)	Puduḫepa
	24. Tutḫalija IV. (Sohn von 23.)	
	25. Kurunta? (Sohn von 21.)	
	26. Arnuwanda III. (Sohn von 24.)	
um 1200	27. Šuppiluliuma II. (Sohn von 24.)	

Abb. 238 Liste der hethitischen Großkönige (nach der Kurzchronologie; in Anlehnung an die Königsliste von G. Wilhelm)

Zeit	Historische Periode	Schicht			
		Büyükkale Plateau	Büyükkale NW-Hang	Unterstadt	Oberstadt
20./19. Jh. v. Chr.	Vorhethitische Zeit	Vg–Vc	9	5	–
19./18. Jh. v. Chr.	Altassyrische Handelskolonien	Vb/a, IVd	8	4	–
ca. 17.–15. Jh. v. Chr.	Althethitische Zeit	IVc	7	3	–
15./14. Jh. v. Chr.	Ältere Großreichszeit	IVb/a	6	2	–
13. Jh. v. Chr.	Jüngere Großreichszeit	IIIb IIIa	5	1b 1a	O. St. 4 O. St. 3 O. St. 2
Mitte 8. – Mitte 7. Jh. v. Chr.	Älterphrygische Periode	IIb/a	4/3	(Gräber)	–
7./6. Jh. v. Chr.	Jüngerphrygische Periode	Ib/a	2	(Gräber)	O. St. 1
3. Jh. v. Chr. – 3. Jh. n. Chr.	Hellenistische und römische Periode	geringe Relikte	1	(Gräber)	–

Abb. 239 Synoptische Übersicht der Schichtenfolge in den einzelnen Grabungsarealen von Boğazköy.

Name	Raum 1	Schutt 1190	Raum 2	Schutt 1990	Raum 3	Raum 4	Raum 5	Schutt 1991	Summe
A. Tonbullen									
Šuppiluliuma I.	–	–	–	–	1	–	–	3	4
Šuppiluliuma I./Hinti	–	–	–	–	–	–	–	1	1
Šuppiluliuma I./Malnigal	–	–	1	–	28	–	–	3	32
Arnuwanda II. (mit Großkönigin?)	–	–	–	–	–	–	–	1	1
Muršili II.	–	–	–	–	3	–	–	22	25
Muršili II./Malnigal	–	–	1	–	3	–	–	12	16
Muwatalli II.	4	–	–	–	–	–	–	11	15
Danuḫepa	–	–	–	–	–	–	–	2	2
Muwatalli II./Danuḫepa	5	1	3	–	1	–	–	15	25
Muwatalli/UA-Szene (Urḫitešup/Muršili III.)	31	8	5	1	3	–	–	96	144
Muwatalli/UA-Szene (m. Urḫitešup/Danuḫepa)	4	1	–	–	1	–	–	2	8
Urḫitešup/Danuḫepa	1	–	–	–	–	–	–	13	14
Urḫitešup	2	–	–	–	–	–	–	–	2
Muršili III.	75	27	23	3	5	–	–	220	353
Muršili III./Danuḫepa	–	1	2	–	7	–	1	67	78
Ḫattušili III.	6	5	7	1	7	–	2	85	113
Puduḫepa	1	–	–	–	6	–	–	7	14
Ḫattušili III./Puduḫepa	17	8	9	1	25	–	1	193	254
Tutḫalija IV.	7	4	12	–	103	–	–	242	368
Labarna (Tutḫalija IV.)	16	1	8	1	12	–	1	271	310
Kurunta (Großkönig)	–	–	–	–	2	–	–	–	2
Arnuwanda III.	2	1	4	–	3	–	–	35	45
Šuppiluliuma II.	–	–	–	–	–	–	–	6	6
Unbekannte Großkönige (davon 2 mit Danuḫepa)	–	–	–	–	–	–	–	6	6
Unbestimmte großkgl. Tonbullen	24	3	5	1	16	–	–	140	189
Könige (davon 2 Šuppiluliuma)	–	–	–	1	1	–	–	35	37
Funktionäre (Prinzen, davon mindestens 14 Kurunta)	12	3	2	–	17	–	–	127	161
Funktionäre (sonstige)	77	38	22	6	186	1	–	712	1042
Göttersiegel (?)	–	1	–	–	–	–	–	6	7
insgesamt:	284	102	104	15	430	1	5	2333	3274
B. Tontafeln (Landschenkungsurkunden)									
Ḫantili II.	–	–	–	–	3	–	–	4	7
Ḫuzzija II.	–	–	–	–	1	–	–	–	1
Muwatalli I.	–	–	–	–	1	–	–	–	1
sonstige	–	–	–	–	4	–	–	15	19
insgesamt:	–	–	–	–	9	–	–	19	28

Abb. 240 Grabung Boğazköy 1990 und 1991/Westbau: Verteilung der Tonbullen und Tontafeln nach Fundort und Siegelinhabern.

Literatur:

Eine ausführliche, Ḫattuša betreffende Bibliographie ist von K. BITTEL, *Hattuscha,* DuMont Dokumente (Köln 1983) 213 ff. vorgelegt. Die nachstehende Liste bringt in Ergänzung dazu die bis heute über die Ausgrabungen und Funde in Ḫattuša erschienenen Veröffentlichungen.

Zusammenfassende Darstellung:

P. NEVE, *Hattuscha-Information* (Istanbul 1987).
P. NEVE, *Hattuscha. Haupt- und Kultstadt der Hethiter,* in: *Hethitica* 8 (1987) 297 ff.
P. NEVE, *Boğazköy-Ḫattuša in byzantinischer Zeit,* in: *Hommes et Richesses dans l'Empire Byzantin,* Tome II: VIIIe–XVe siècle (Paris 1992) 91 ff.
P. NEVE, *Hattusha. City of the Gods and Temples* (1991). Lectures and Memoirs (Proceedings of the British Academy; im Druck).

Ausgrabungsberichte:

K. BITTEL u. a., *Funde aus den Grabungen bis 1979,* Boğazköy VI (1984).
P. NEVE, *AA* (= *Archäologischer Anzeiger*) 1979, 137 ff.; P. NEVE/A. MÜLLER-KARPE, *AA* 1980, 285 ff.; P. NEVE, *AA* 1981, 363 ff.; P. NEVE, *AA* 1982, 383 ff.; P. NEVE, *AA* 1983, 427 ff.; P. NEVE, *AA* 1984, 329 ff.; P. NEVE, *AA* 1985, 323 ff.; P. NEVE, *AA* 1986, 357 ff.; P. NEVE/H. OTTEN, *AA* 1989, 271 ff.; P. NEVE/J. D. HAWKINS, *AA* 1990, 267 ff.; P. NEVE/H. OTTEN, *AA* 1991, 299 ff.; P. NEVE, *AA* 1992, 307 ff.
P. NEVE, *Boğazköy-Ḫattuša. Ergebnisse der Ausgrabungen in der Oberstadt,* in: *Anatolica* 14 (1987) 41 ff.
P. NEVE, *Boğazköy-Hattusha. New Results of the Excavations in the Upper City,* in: *Anatolica* 16 (1989/90) 7 ff.

Abschließende Veröffentlichungen von Grabungsergebnissen:

R. M. BOEHMER, *Die Reliefkeramik von Boğazköy,* Boğazköy-Ḫattuša XIII (1983).
R. M. BOEHMER/H. G. GÜTERBOCK, *Die Glyptik von Boğazköy II.* Glyptik aus dem Stadtgebiet von Boğazköy, Boğazköy-Ḫattuša XIV (1987).
H. PARZINGER/R. SANZ, *Die Oberstadt von Ḫattuša. Hethitische Keramik aus dem zentralen Tempelviertel.* Boğazköy-Ḫattuša XV (1992).

Editionen von Keilschrifttexten:

H. OTTEN, *Die Bronzetafel aus Boğazköy,* StBoT (= *Studien zu den Boğazköy-Texten*) Beih. 1 (1988).
CH. RÜSTER/E. NEU, *Hethitisches Zeichenlexikon* (1989).
J. D. HAWKINS/P. NEVE, *Eine hethitische Hieroglypeninschrift im Kultbezirk des Heiligen Teiches in der Oberstadt Ḫattušas,* StBoT Beih. 2 (im Druck).

Einzelforschungen (Monographien, Aufsätze):

K. BITTEL, *Porträt eines hethitischen Herrschers* (Vortrag vor der Gerda Henkel Stiftung, 1984)
A. MÜLLER-KARPE, *Hethitische Töpferei in der Oberstadt von Ḫattuša,* Marburger Studien zur Vor- und Frühgeschichte 10 (1988).
R. NAUMANN, *Sarıkale in Boğazköy,* in: *Festschrift Bittel* (1983) 383 ff.
P. NEVE, *Hoftürme in den hethitischen Tempeln von Ḫattuša-Boğazköy,* in: *IstMitt* 17 (1967) 78 ff.; *Regenkultanlagen in Boğazköy-Ḫattuša,* 5. Beih., *IstMitt* (1971) 7 ff.; *Der Große Tempel in Ḫattuša. Le temple et le culte* (1975) 74 ff.; *Eine hethitische Hieroglypheninschrift am Löwentor,* in: *IstMitt* 26 (1976) 9 ff.; *Zur sogenannten hethitischen Brücke in Boğazköy-Ḫattuša,* in: *Festschrift E. Akurgal, Anadolu* 21 (1978–80) 67 ff.; *Ein hethitisches Stierbecken aus Derbent bei Boğazköy,* in: *Festschrift H. Otten* (1988) 263 ff.; *Eine hethitische Bronzesäge,* in: *IstMitt* 39 (1989) 399 ff.; *Einige Bemerkungen zur Kammer B in Yazılıkaya,* in: *Anatolia and the Ancient Near East,* in: *Festschrift T. Özgüc* (1989) 345 ff.; *Hethitischer Gewölbebau,* in: *Bautechnik der Antike. Diskussionen zur Archäologischen Bauforschung* 5 (1991) 161 ff.

Zu den ‹Heiligen Seen› im alten Ägypten:

B. GESSLER-LÖHR, *Die heiligen Seen ägyptischer Tempel. Hildesheimer Ägyptologische Beiträge* 21 (1983).

Abbildungs- und Tafelnachweis:

Abb. 1. 5. 23: n. K. BITTEL, *Die Hethiter* (1976) Abb. 342. 344.5 – Abb. 2–4. 6–11. 13–18. 21. 22. 24–26. 29–31. 34–36. 38–42. 45–48. 65–84. 86b. 88–95. 98. 100–109. 112–116. 118. 120. 123. 125–128. 131–133. 135–137. 139–142. 145–166. 167b. 168. 170–173. 175–180. 182. 183. 186. 187. 190–193. 195–201. 204a.b. 205a.b. 206–209. 211–220. 222. 227–231. 241. 271: P. Neve – Abb. 12: n. F. FISCHER, *Die hethitische Keramik von Boğazköy.* Boğazköy-Ḫattuša IV. *WVDOG* 75 (1963) Beil. 6 – Abb. 19. 20. 28. 129: Boğazköy-Archiv, Berlin – Abb. 27. 37. 43. 44. 49. 64. 87. 96. 99. 110. 111. 121. 122. 124. 134. 138. 143. 144. 167a. 169. 174. 184. 189. 194. 202. 203. 210. 221: H. Özel – Abb. 32. 33: n. O. PUCHSTEIN, *Boghazköi: Die Bauwerke. WVDOG* 19 (1912) Taf. 17.12b – Abb. 85: J. D. Hawkins – Abb. 86a: n. K. BITTEL/H. G. GÜTERBOCK, *Boğazköy* I, *APAW* 1935, Nr. 1 Taf. 27 – Abb. 117. 119: H. Eibl – Abb. 97. 130: A. Atila (Ballonfoto) – Abb. 181: G. Krien-Kummrow – Abb. 185: n. K. BITTEL, *Boğazköy. Die Kleinfunde der Grabungen 1906–1912. WVDOG* 69 (1937) Taf. 4,2a – Abb. 223: n. H. H. V. D. OSTEN, *Discoveries in Anatolia 1930/31. OIC* 14 (1932) Abb. 113 – Abb. 227. 232–236: J. Willeitner – Abb. 246: Boğazköy-Ḫattuša I. *WVDOG* 63 (1952) – Abb. 247: n. K. BITTEL, Boğazköy-Ḫattuša I. *WVDOG* 63 (1952) Taf. 64b – Taf. II.2, VIII: Boğazköy-Archiv – Abb. 272: J. Seeher.

Anschrift des Autors:

DR.-ING. DR. H. C. PETER NEVE
Kellerseestraße 30
D-2427 Malente

Abb. 241 Kammer 2 nach der Ausgrabung.

Vom einstigen Ḫattuša zum heutigen Boğazköy

Den Anstoß zu dieser Ergänzung, die der zweiten Auflage des Bildbandes Ḫattuša zusätzlich beigefügt ist, gab eine Serie von Luftaufnahmen, die der Verfasser – nach Erscheinen der ersten Auflage – anläßlich eines Ballonfluges im letzten Jahr seiner Grabungstätigkeit von der Stätte seines Wirkens machen konnte: von der antiken Stadt, der Landschaft, in der sie im wahrsten Sinne des Wortes eingebettet liegt, und dem Orte Boğazkale, der sich heute an der Stelle der Hethiter-Metropole befindet. Ermöglicht wurde dieser einmalige und unvergeßliche Ausflug durch den Einsatz des Ballonteams ‹Cloud 9› von Kaili M. Kidner und Lars-Eric Möre, das sich für das Unternehmen kostenlos zur Verfügung stellte; ihnen sei daher an dieser Stelle unser ganz besonderer Dank ausgesprochen.

Boğazkale bietet zugleich auch ein lebendiges Beispiel für die Entwicklung einer Ortschaft und ihrer Bevölkerung unter Lebensbedingungen, die sich – was die alltägliche Praxis anbetrifft – vor Einsetzen des technischen Zeitalters sicherlich nicht wesentlich von jenen im alten Ḫattuša unterschieden. So konnte – und kann in mancher Hinsicht auch heute noch – der Ort zur Illustrierung und zum besseren Verständnis der oft spröden Grabungsergebnisse beitragen.

Boğazkale (Schluchtburg), früher Boğazköy (Schluchtdorf) genannt, ist heute eine kleine Kreisstadt mit etwa 2100 Einwohnern (Abb. 242–245). Als Carl Humann, der Entdecker des Pergamon-Altars, mit Otto Puchstein im Jahre 1882 den Ort besuchte, um die Ruinen Ḫattušas zu studieren, gab es dort nach seiner Schätzung «an hundert und fünfzig Häuser» (C. Humann – O. Puchstein, Reisen in Kleinasien und Nordsyrien [Berlin 1890] 55) und außerdem den ‹konak› (Quartier, Niederlassung) des Dere Bey (Talfürst, Talherr), eines Angehörigen des Turkmenenclans der Dulgadiroğlu. Ein Zweig dieses Clans, dessen Stammheimat der Raum von Maraş (heute Kahramanmaraş) im südöstlichen Anatolien war, siedelte im 16. Jahrhundert in das Gebiet von Boğazköy um, das ihm vom Padischah mitsamt der sich überwiegend aus Nomaden und Freigelassenen rekrutierenden Bevölkerung zugesprochen war.

Die erste Residenz der Dere Beys lag im Tal des Budaközü nördlich von Boğazköy bei dem Dorfe Yekbaz an einem heute verlassenen Platz, dessen Name ‹Bey yurdu› (Herrensitz) aber noch an die alte Niederlassung erinnert. In den heißen Sommermonaten zogen sie sich auf ihre ‹yayla› (Hochebene, Alm) in dem Waldgebirge von Ibikçam südlich von Boğazköy zurück, wo sie am Fuße der höchsten Bergkuppe in Nähe einer Quelle ihren aus Wohnhaus und Viehställen bestehenden Sommersitz besaßen, der inzwischen aber längst verlassen und verfallen ist.

Erst Ende des 17. Jhs. verlegten die Dere Beys ihre Residenz von Yekbaz nach dem klimatisch angenehmeren, dazu wassereichen Boğazköy am südlichen Talrand und gründeten dort ihren Konak (Abb. 245–247). Dieser bildete ursprünglich ein ausgedehntes Anwesen, das sich – um zwei große Innenhöfe gruppiert – in einen internen, für die Familie bestimmten und einen offiziellen, Besuchern zugänglichen Teil gliederte. Der interne Teil setzte sich aus dem ‹Haremlik›, d. h. dem Frauenhaus und Familienwohnsitz, einem ‹Hamam› (Badehaus), Unterkünften für die Bediensteten sowie Wirtschaftsgebäuden und Stallungen zusammen. Der offizielle Bereich wurde von dem ‹selamlık›, d. h. dem Herren- und Gästehaus, zugleich auch Amtssitz des Dere Bey, und von weiteren Stallungen eingenommen – alles in allem ein Arrangement, das sich im Prinzip nicht von jenem des dreieinhalb Jahrtausende älteren großköniglichen Palastes auf Büyükkale unterschied (Taf. I, Abb. 18. 19. 21). Heute ist der Konak auf Haremlik, Selamlik und einen halb verfallenen Stall zusammengeschrumpft und wird noch von Angehörigen der Familie bewohnt.

Die Gründung des Konaks zog die Zuwanderung von Nomadensippen und somit die Entstehung des Ortes nach sich, zunächst in Form einer Ansammlung weit verstreuter Behausungen mit Hürden und Ställen, in denen das Vieh, das sommers in den Bergen weidete, überwinterte; denn Weidewirtschaft bildete zunächst auch weiterhin die Lebensgrundlage der Bewohner, da alles Ackerland ohnehin im Besitz der Dere Bey-Familie war. Mit zunehmender Bevölkerung erfolgte allmählich die teilweise Umstellung auf Feldwirtschaft. Das dazu nötige Land wurde durch Kauf oder Pacht (gewöhnlich auf der Basis der Ertragsteilung, türk. ‹ortak›) aus dem Besitz der Dere Beys erworben. Aus den Nomaden wurden somit seßhafte Bauern. Die verstreuten Wohnsitze expandierten zu Gehöften, die allmählich zusammenwuchsen, aber – durch Verkehrswege insulaartig getrennt – sich noch heute im Ortsbild deutlich als den verschiedenen Sippen zugehörige Quartiere zu erkennen geben (Abb. 243).

Wo der Expansion Grenzen gesetzt waren, wurde das Grundstück intensiver überbaut, so daß im Laufe der Zeit aus den ursprünglich weitläufigen Gehöften engbebaute und verschachtelte Gebilde geworden sind, die sich auf die Nachkommenschaft der jeweiligen Eigentümer verteilen (Abb. 244).

Zu enger Lebensraum führte schließlich dazu, daß Angehörige der Sippen – soweit sie nicht abwanderten – auf ihre Ländereien am Ortsrand auswichen und dort Wohnsitze gründeten, womit neue Zellen entstanden, die sich zu weiteren ‹mahalles› (Ortsteilen) entwickelten.

Entsprechend kleiner wurde natürlich das Garten- und Ackerland, abgesehen davon, daß aller Besitz immer zu gleichen Teilen an die Nachkommen übergeht. Die Landnot führte zur Landnahme durch ausgedehnte Rodungen in dem umgebenden Waldgebirge, aber auch zur Schaffung neuer Existenzgrundlagen in Form kleiner, familieneigener Gewerbebetriebe, allen voran einer Dorfschmiede. Gegen Ende des vorigen Jahrhunderts erhielt das Dorf seine erste Moschee, in Nachbarschaft des Konaks gelegen und von den Dere Beys gestiftet, die damals noch als Feudalherren das geistliche und weltliche Leben am Orte bestimmten.

Ihnen ist auch die Anlage des davor befindlichen Marktplatzes mit einem ‹çayhane› (Teehaus) und einigen bescheidenen Kramläden zuzuschreiben, durch die sie sich wie auch durch den nunmehr auf dem Platz regelmäßig abgehaltenen Wochenmarkt (türk. ‹pazar›) eine zusätzliche Einnahmequelle sicherten.

△ Abb. 242 Boğazkale und die Unterstadt von Ḫattuša mit dem Großen Tempel.

▽ Abb. 243 Boğazkale, Häuserviertel.

△ Abb. 244 Boğazkale, Blick auf ein Gehöft.

▽ Abb. 245 Boğazkale, Ortszentrum mit Marktplatz, Moschee und Konak der Dere Beys (rechts unten).

Abb. 246 Das Selamlık des Konaks.

Abb. 247 Alte Stallruine des Konaks (1955 abgebrochen).

Abb. 248 Hakenpflug.

Damit besaß das Dorf seinen aus dem Konak, der Moschee und dem Markt bestehenden ‹merkez› (Mittelpunkt, Zentrum), der auch heute noch, allerdings beträchtlich vergrößert und durch verschiedene, leider unschöne Neubauten – u. a. anstelle der alten eine neue Moschee, eine Stadtverwaltung und ein Restaurant – bereichert, den Kern des weit über seine alten Grenzen ausgedehnten Ortes bildet – so wie die Altstadt Ḫattušas mit dem Herrschersitz auf Büyükkale und dem Großen Tempel inmitten der Häuserviertel der Unterstadt Zentrum der expandierenden Hethiter-Hauptstadt blieb (Abb. 245, Taf. III.2).

Eine nicht unbedeutende Erwerbsquelle waren die vielen Wassermühlen. Zunächst alleiniger Besitz der Dere Beys und an die Dorfbewohner verpachtet, entstanden sie an dem Lauf des Büyükkaya-Baches, einem der Quellflüsse des Budaközü, der das antike Stadtgebiet mit einer tiefen, von steilen Felswänden gesäumten Schlucht durchschneidet (s. Abb. 16) und – worauf die Relikte einer antiken Wasserleitung und eines Stauwehrs hinweisen – offenbar schon in spätrömisch-frühbyzantinischer Zeit eine Wassermühle versorgte (Abb. 251. 252).

Allein elf Mühlen dieses Typs, die ausschließlich als Kornmühlen betrieben wurden, gab es noch 1954 bei Boğazköy. Jede Mühle verfügte über einen bestimmten Kundenstamm, der sich nicht nur aus der einheimischen Bevölkerung, sondern auch aus Dörflern der im näheren und weiteren Umkreis befindlichen, oft einen Tagesmarsch und mehr entfernten Ortschaften zusammensetzte. So waren die Mühlen zugleich wichtige Informationsstätten, wo Neuigkeiten unter der Kundschaft (türk. ‹nöbetçi›, d. h. Wache bzw. Nachtwache, genannt, weil die Mühlen in einer durch den Bachlauf vorgegebenen Reihenfolge und nach festgelegtem Zeitplan auch nachts arbeiteten) ausgetauscht wurden und selbst wir von manchem archäologisch interessanten Fund erfuhren.

Der ländliche Charakter des Dorfes blieb in den ersten Jahrzehnten der türkischen Republik unverändert erhalten. Die Alleinherrschaft der Dere Beys war nun allerdings vorbei. Ihr Grundbesitz wurde durch die unter Kemal Atatürk durchgeführte Bodenreform verringert; doch stand die Familie bei der Dorfbevölkerung weiterhin in hohem Ansehen und stellte später auch zweimal den Bürgermeister. Der ehemalige Herrschaftsbereich der Dere Beys wurde zu einer ‹nahiye› (Landgemeinde) gemacht, das Dorf Boğazköy zu deren Verwaltungssitz. Außerdem erhielt es eine Grundschule.

Die Landwirtschaft bildete weiterhin die Grundlage für den Lebensunterhalt der Bevölkerung und wurde auch noch lange Zeit in altherkömmlicher Weise mit jährlich wechselnder Felderbrache betrieben. Angebaut wurde überwiegend Getreide, d. h. Gerste und Weizen. Die Ackerbestellung erfolgte mit dem Hakenpflug. Geerntet wurde mit der Sense oder Sichel, gedroschen mit dem Dreschschlitten (Abb. 249. 250). Transportmittel war vor allem der von Ochsen gezogene ‹kağni› (zweirädriger Ochsenkarren), dessen quietschende, mit der Achse starr verbundene hölzerne Scheibenräder ihm den Namen ‹Anadolu bülbül› (anatolische Nachtigall) einbrachten – alles in allem Geräte, die nachweislich schon in hethitischer und nachhethitischer Zeit Verwendung fanden.

Neben der Feldwirtschaft wurden und werden auch heute noch – wie bereits in hethitischer und vorhethitischer Zeit (Abb. 253) – Weinreben angebaut, allerdings nicht zur Herstellung von Wein, sondern von ‹pekmez› (türk.), einem Sirup, den man anstelle von Zucker für Speisen und Süßigkeiten verwendet, aber auch zu einem mostartigen Getränk, türkisch ‹şira› genannt, verarbeitet. Die Weingärten liegen außerhalb des Dorfes in einem besonders geschützten Winkel

Abb. 249 Dreschplatz.

Abb. 250 Dreschschlitten.

Abb. 251 Die Schlucht mit antiken Staubecken.

Abb. 252 Alte Wassermühle.

im Osten des Tales, den man sich mit anderen Dörfern der Umgebung teilt. Die Weinlese wurde früher von allen Dörflern gemeinsam vorgenommen und als besonderes Fest, den ‹üzüm bayram› (Weinfest), mit Musik, Tanz und Wettkämpfen – u. a. ‹çirit›, eine Art Ringreiten – gefeiert.

Außer den Weingärten gibt es am Dorfrand den ‹bostan› (Gemüsegarten), wo man vor allem Bohnen, Gurken, Kohl, Tomaten, Knoblauch und Zwiebeln anbaut, die man für den Winterbedarf als ‹kuru fasulye› (trockene Bohnen), ‹turşu› (in Essig eingelegtes Gemüse) oder ‹salça› (Tomatenmark) konserviert. Bewässert werden die Gärten in den regenarmen Sommermonaten über ein weitverzweigtes Kanalsystem durch den winters und sommers wasserführenden Büyükkaya-Bach, auch dabei wieder – wie bei den Wassermühlen – nach einem zeitlich festgelegten Verteilersystem.

Einen wichtigen Bestandteil der Gärten stellen Pappelpflanzungen dar, die man gewöhnlich entlang den Grundstücksgrenzen oder auch in Form kleiner Plantagen anlegt. Pappeln sind ein begehrtes Bauholz, bedeuten also für den Besitzer ein gewisses Vermögen. Sie dienten daher früher u. a. auch zur Finanzierung der Aussteuer für die heiratsfähigen Töchter, und zwar dergestalt, daß man bei der Geburt eines Mädchens eine Anzahl – 1955 waren es fünfzig – Pappelstecklinge pflanzte. Als relativ schnellwüchsiges Holz waren sie im heiratsfähigen Alter der Mädchen von damals in der Regel 15–16 Jahren zu stattlichen Bäumen herangewachsen, die dann zwecks Erwerb der ‹cehiz› (mundartlich für Mitgift) verkauft wurden.

Abb. 253 Kultgefäß in Weintraubenform (vorhethitisch., 18. Jh. v. Chr.).

Wie die Landwirtschaft blieb auch das Bauwesen bis zum Einbruch moderner Technik uralten Traditionen verbunden. Hausbau und -form unterlagen festen

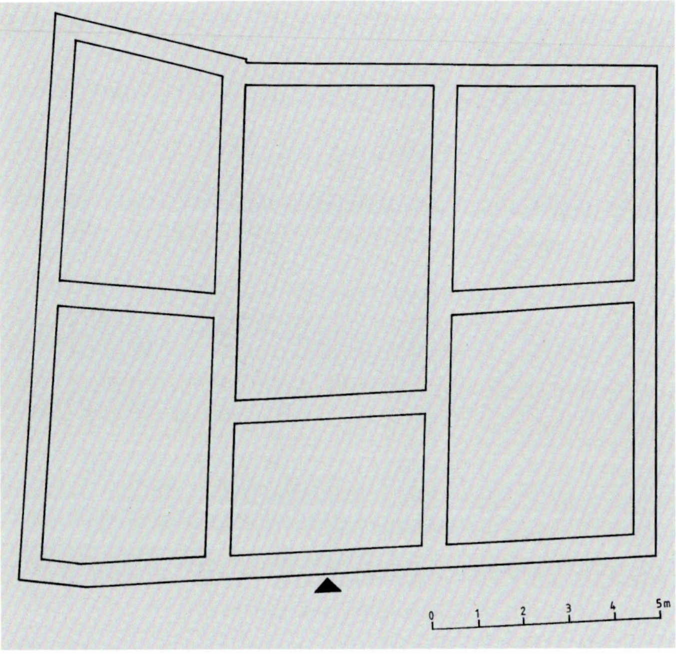

Abb. 254 Grundriß eines hethitischen Wohnhauses (13. Jh. v. Chr.).

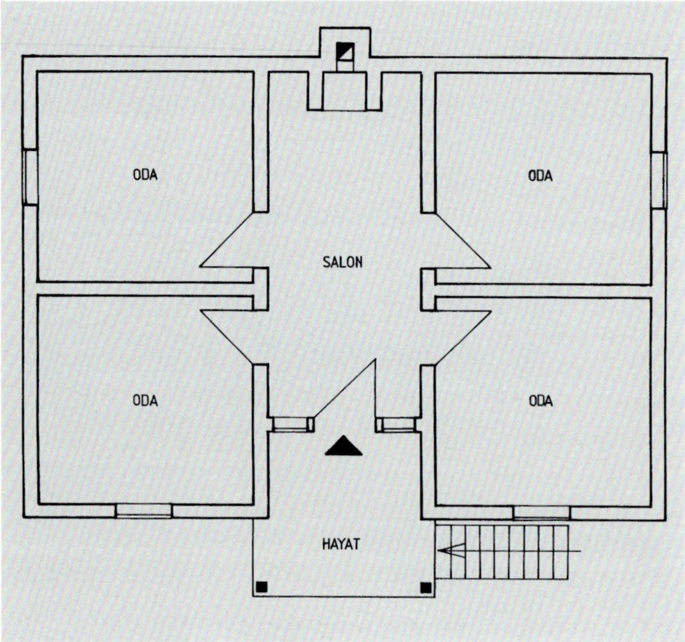

Abb. 255 Grundriß eines Wohnhauses in Boğazkale.

Abb. 256 Altes Wohnhaus in Boğazkale.

Abb. 259 Moderner eiserner Spitzhammer im Einsatz.

Grundregeln, die auf der seit Jahrgenerationen unveränderten Lebensweise der Bewohner beruhten, bedurften daher auch keines besonderen Entwurfes. Standardtypus des Wohnhauses ist – wie im ganzen übrigen Anatolien und noch über seine Grenzen hinaus, aber auch schon aus hethitischer Zeit belegt – eine dreiteilige, aus zentraler Diele (türk. ‹hol›, ‹salon›) und seitlich einzeln oder paarweise angeschlossenen Zimmern (türk. ‹göz›, ‹oda›) bestehende, ursprünglich flach gedeckte Anlage mit einem Untergeschoß zur Aufnahme von Stallungen und Futterspeichern (Abb. 254–256) für das Vieh.

Im ‹salon›, dem gewöhnlich ein überdachter Balkon (türk. ‹hayat› = Leben, hier im Sinne von Lebensraum) vorgelagert ist, spielt sich das tägliche Leben ab. Die Zimmer dienen als Schlafräume für die Familie, oft auch als zusätzliche, beheizbare Wohnräume im Winter (türk. ‹kışlık›) oder als Übergangsquartier für den jungvermählten Nachwuchs bzw. als Altenteil der Eltern, das flache Dach als weiterer Arbeitsplatz. Von ähnlicher Form, aber natürlich aufwendiger gestaltet, dazu mit Pfannendach versehen, sind auch die Wohngebäude des Konaks.

Die Bauausführung erfolgte – wenn nicht durch den Hausbesitzer selbst oder einen ortsansässigen ‹usta› (Meister) – durch wandernde Hausmachergruppen, die sich meist aus Angehörigen einer Familie zusammensetzten und aus bestimmten Dörfern der Umgebung kamen, wobei in Boğazköy Hausmacher aus dem Nachbardorf Emirler besonders guten Ruf genossen.

Als Baumaterial dienten Steine für die Fundamente und das Untergeschoß, Holzbalken und Lehm bzw. Lehmziegel für das Hauptgeschoß sowie für die Decken und das Dach. Hauptlieferant der Steine war – wie die im Mauerwerk der Häuser verbauten Spolien bezeugen – die hethitische Stadtruine (Abb. 257. 258).

Als Bauhandwerkszeug wurden – und werden auch heute noch – Spitz- und Vorschlaghammer sowie Meißel für die Steinbearbeitung, Säge, Beil und Dechsel für die Holzbearbeitung eingesetzt – alles Geräte, die – allerdings aus anderem Material als Eisen, nämlich aus Stein oder Bronze – bereits die hethitischen Bau-

△ Abb. 257 Wohnhäuser in Boğazkale.

▽ Abb. 258 Boğazkale, Hoftor mit wiederverbauten hethitischen Werksteinen.

Abb. 260 Scheingrab des ‹yağmur baba› von İbikçam bei Boğazkale.

△ Abb. 261 Türbe des ‹yağmur baba› bei Sungurlu.

▽ Abb. 262 Scheingrab des ‹yağmur baba› am Çeçbel bei Delihasanlı.

meister bei ihren Bauten verwendeten (Abb. 259).

Mit dem Eintritt in das technische Zeitalter, dessen positive wie auch negative Auswirkungen in Boğazköy etwa ab Mitte der sechziger Jahre deutlich spürbar werden, treten Veränderungen ein, die – zunächst auf eine Motorisierung der Landwirtschaft beschränkt – inzwischen alle Lebensbereiche der Bevölkerung erfaßt haben und zu ihrer auch heute noch im Flusse befindlichen Umstrukturierung führen. Einen diesbezüglich wichtigen zusätzlichen Faktor bildet der erst seit relativ kurzer Zeit neugewonnene Status des Ortes als Kreishauptstadt (türk. ‹ilçe merkezi›) mit dem Sitz eines Landratsamtes (türk. ‹kaymankamlık›) und weiterer Behörden, u. a. auch eines Amtsgerichtes und Finanzamtes. Dazu entstanden eine Mittel- und Oberschule.

Der bisher fast ausschließlich durch die Landwirtschaft geprägte Lebensstil einer bäuerlich-dörflichen Gemeinschaft von Selbstversorgern tritt nun allmählich zugunsten einer mehr städtisch orientierten Verbrauchergesellschaft in den Hintergrund.

Beackert werden ohnehin nur noch die sich für die motorisierte Bewirtschaftung eignenden Flächen, und diese nunmehr ohne Felderbrache in jährlicher Folge, wobei als neue Feldfrucht u. a. der großflächige Anbau von Kichererbsen hinzukommt, deren Verkauf an die Röstereien der Provinzhauptstadt Çorum zwecks Verarbeitung zu dem berühmten ‹Çorum-leblebi› zur Zeit einen lukrativen Nebenverdienst garantiert. Die intensivere Feldbewirtschaftung, die dazu statt natürlicher Düngung, wie sie früher durch die zwischenzeitliche Beweidung der Brachfelder erfolgte, zusätzlich künstliche Düngung erfordert, ist natürlich kostenintensiver und führt daher oft genug zur Aufgabe der Landwirtschaft und zum Verkauf der Ländereien – was andererseits der infolge des expandierenden Ortes steigenden Nachfrage nach Bauland entgegenkommt. Entsprechend reduziert ist auch das Weidegebiet, so daß eine Viehhaltung alten Stils und Umfangs nicht mehr möglich ist.

Die Wassermühlen sind längst verschwunden. An ihre Stelle ist eine moderne ‹Mehlfabrik› im Ort selbst getreten. neue Erwerbszweige tun sich auf: neben Handel und Gewerbe vor allem im Dienstleistungssektor der Behörden. Saisonale Beschäftigungsmöglichkeiten am Orte bieten sich außerdem durch den Tourismus und nicht zuletzt auch durch die jährlich während der Sommermonate stattfindenden Ausgrabungen.

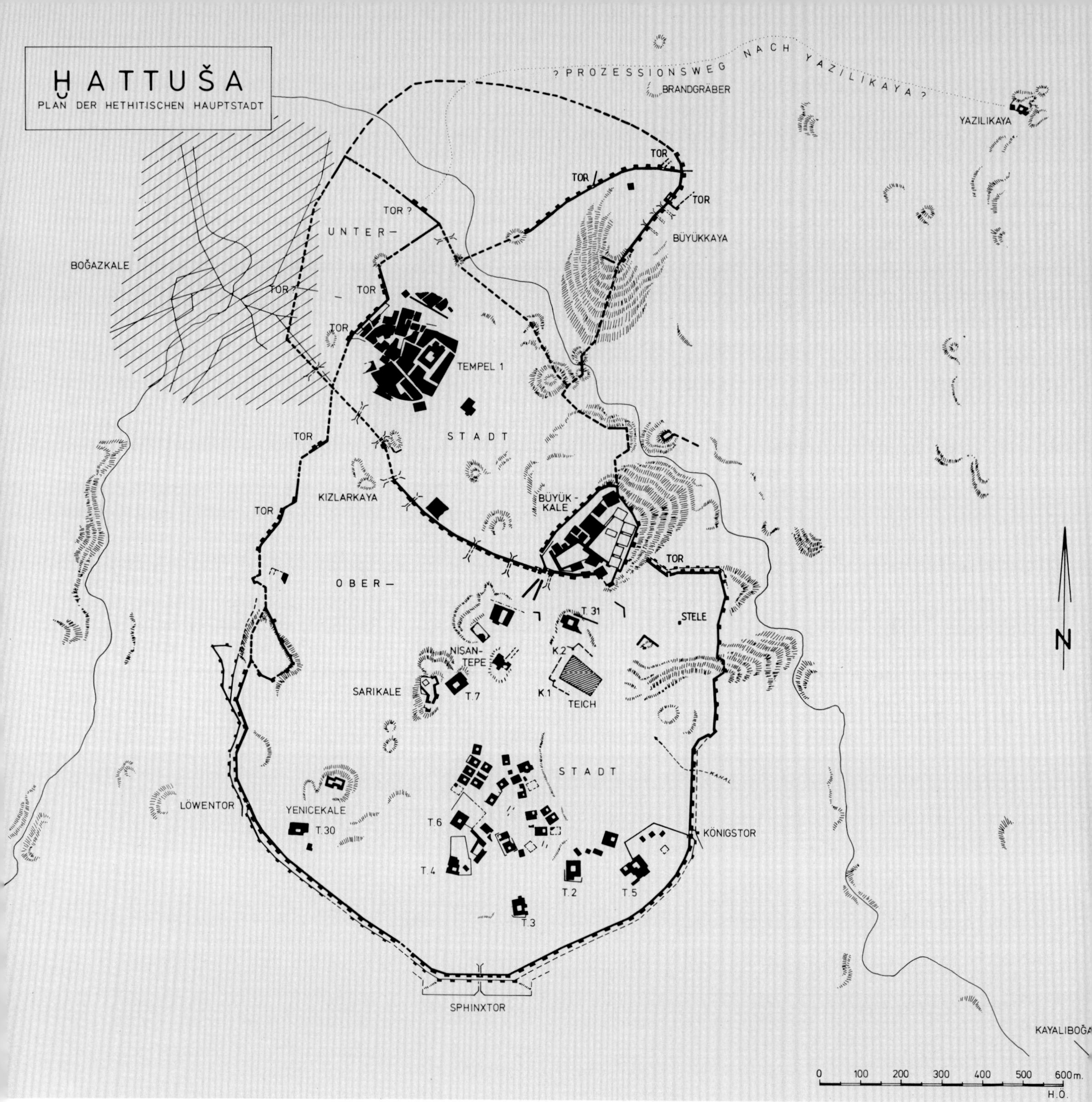

Abb. 263 Plan von Ḫattuša (1993).

Mit der veränderten Lebensweise treten neue, städtische Haustypen, u. a. in Form mehrgeschossiger Mietshäuser, auf. Neue Baumaterialien, allen voran der Stahlbeton, finden Eingang, wodurch sich das äußere Erscheinungsbild des Ortes ebenfalls zu verändern beginnt.

Als die Dulgadiroğlu sich in Boğazköy niederließen, lag das antike Stadtgelände verlassen und vergessen in einem Wald versteckt da, von dem noch heute der für das Gebiet der Oberstadt gebräuchliche Name ‹Ağaç denizi› (Baummeer) kündet. Da bereits damals die in der Gegend seßhafte Bevölkerung längst abgewandert war, haben sich auch keinerlei Namen oder Geschichten überliefert, die mit der Stätte insgesamt oder mit dem einen oder anderen ihrer Monumente in Verbindung gebracht werden könnten – ein Schicksal, das Ḫattuša mit vielen anderen antiken Plätzen im zentralen Anatolien teilt.

Bei den heute gängigen Namen handelt es sich um Bezeichnungen, die von den Dorfbewohnern einzelnen Anlagen aufgrund ihres äußeren Erscheinungsbildes gegeben wurden, so z. B. die Namen Büyükkale (große Burg; Taf. I, Abb. 18. 19. 21), Yenicekale (neue Burg; Abb. 23. 24), Sarıkale (gelbe Burg; Abb. 48), Kızlarkayası (Mädchenfels, wegen eines früher angeblich vorhandenen Reliefs einer weiblichen Figur; Taf. VII.2), Kesikkaya (geschnittener Fels) und Nişantepe (Zeichenberg; Abb. 127. 170) für die im Stadtgebiet verstreuten Felsanlagen. Der Große Tempel heißt im Volksmund allgemein ‹Pazarlık› (eigentlich: Handeln, Feilschen, hier wohl im Sinne von Handelsplatz bzw. Bazar gemeint), was zweifellos auf die ihn umgebenden Magazinräume zurückzuführen ist (Taf. VIII, Abb. 20. 22. 235. 236). Das Sphinxtor erhielt aufgrund seines Tunnels, der schon lange vor der Ausgrabung des darüber gelegenen Tores geöffnet war und als Schafstall diente, den Namen Yerkapı (Erdtor; Abb. 28–31. 34. 227). Von den Dörflern als Yazılıkaya (beschriebener Fels) benannt, lernte bereits sein Entdecker, Charles Texier, das Felsheiligtum im Norden der Stadt kennen (Abb. 6. 25. 212. 230–234. 237).

Ebendieser Platz – nach hethitischer Überlieferung einst das Haus des Wettergottes, wo die Götter des hethitisch-hurritischen Pantheons das Frühlingsfest (heth. ‹antašum›-Fest) feierten – scheint noch bis in die Neuzeit hinein etwas von seiner Würde als Sanktuarium bewahrt zu haben; denn nur so läßt sich erklären, weshalb die bereits von Texier in der Hauptkammer offenliegend vorgefundenen Reliefs der Götterprozessionen von der muslimischen Bevölkerung, für die an sich die Darstellung des menschlichen Antlitzes als ‹günah› (Sünde) gilt, unangetastet blieben.

Daß ein uralter, vermutlich noch in die vorhethitische Zeit zurückreichender Kult bis auf den heutigen Tag überdauern konnte, dürfte durch die im Hochland Anatoliens weitverbreitete Zeremonie des ‹yağmur duası› (Regengebet) erwiesen sein. Schauplatz der Handlung ist immer ein Berggipfel – für die Bewohner Boğazköys der höchste Berg im Waldgebirge des Ibikçam, zu dessen Füßen sich einst die ‹yayla› der Dere Beys befand.

Die vor wenigen Jahren von Schatzsuchern zerstörte Stätte bestand aus dem von Steinen eingefaßten, leeren Scheingrab des ‹yağmur baba› (Regenvater) sowie einem heiligen Baum (Abb. 195. 260). Andere zu den Nachbardörfern gehörende Kultplätze gleicher Bestimmung sind außerdem durch heilige Haine, in einem Fall auch durch eine ‹türbe› (Mausoleum) ausgewiesen (Abb. 261. 262).

Zu dem Ritual, das vor allem im Frühjahr, wenn der für die Feldbestellung notwendige Frühjahrsregen ausgeblieben ist, veranstaltet wird, versammelt sich die männliche Dorfbevölkerung zum Bittgottesdienst am Grab des Regenvaters. Dabei vergräbt man den Schößling eines Weinstockes, der mit vierzig Blattknospen besetzt sein muß, womit bedeutet wird, daß reichlich Regen kommen möge (‹kırk› = türk. für vierzig, hier als magische Zahl benutzt im Sinne von viel, zahllos). Tritt er dann ein, versammelt man sich ein zweites Mal, um dem ‹yağmur baba› einen ‹kurban›, d. h. ein Schlachtopfer, zum Dank darzubringen. Bunte Wollfäden und Stoffetzen, die an die Zweige des heiligen Baumes geknotet werden, verkünden außerdem, daß die Bitte um Regen erhört wurde (Abb. 195. 260–262).

In dem ‹yağmur baba› aber lebt offenbar das Wesen der hethitischen und vorhethitischen Berggötter weiter, deifizierte Berge, die von den Hethitern als Regenspender verehrt wurden mit einem Kult, der – wie die alten Bittgebete zeigen – dem heutigen nicht unähnlich gewesen zu sein scheint und den man auch – nach erfolgtem Regen – mit einem Dankesopfer feierte.

Somit könnte der ‹yağmur baba› von Ibikçam als Nachfahre einer lokalen hethitischen Berggottheit gelten, die bei den Bewohnern Ḫattušas als regenspendende Macht verehrt wurde, und seine Grablege die Stätte bezeichnen, wo der Regenkult bereits zur Zeit der hethitischen Hauptstadt – wenn nicht schon früher – ausgeübt wurde.

Das neue Forschungsprogramm: Die Nordstadt Ḫattušas

Nachdem die Ausgrabungen in der Oberstadt mit letzten Nachuntersuchungen im Umfeld Büyükkales 1992 ihren vorläufigen Abschluß gefunden hatten, wurde im folgenden Jahr mit der Erforschung des jenseits des Büyükkaya Deresi im Norden der Altstadt gelegenen Stadtteils von Ḫattuša begonnen (Abb. 263). Zwar sind noch große Bereiche der Oberstadt, vor allem der gesamte westliche Bezirk, weitgehend Terra incognita, doch schien es im Hinblick auf die neugewonnenen Kenntnisse sinnvoller, sich zunächst der Nordstadt zuzuwenden, bei der es sich offenbar – wie bei der Oberstadt – um eine spätere Stadterweiterung handelt, die mit einer besonderen Funktion verbunden war.

Den siedlungstopographischen Schwerpunkt der Nordstadt stellt die gegenüber der Königsburg Büyükkale liegende und sozusagen ihr Pendant bildende, Büyükkaya (großer Fels) genannte Bergkuppe dar, ein ausgedehntes, mehr noch als Büyükkale die Altstadt/Unterstadt Ḫattušas beherrschendes Felsmassiv, das steil und unzugänglich über der Schlucht des Büyükkaya Deresi aufragt, nach Norden dagegen in ein relativ sanft geneigtes, von den Hethitern künstlich terrassiertes Hanggelände ausläuft (Abb. 264).

Erste systematische Untersuchungen wurden dort während der Grabungskampagnen 1952–1954 von K. Bittel und R. Hachmann vorgenommen. Sie resultierten in der Entdeckung einer zunächst noch als Terrassenmauer angesehenen Befestigung hethitischer Zeit am Ostrand des Berges, die mit zwei unterirdischen Passagen – sog. Poternen – ausgestattet war, sowie einer gleichzeitigen Bebauung im Innern. Durch Funde aus vor- und nachhethitischer Zeit – insbesondere Keramik aus den chalkolithischen und älterphrygischen Perioden – kündigte sich außerdem an, daß der Platz eine längere Besiedlungsgeschichte gehabt haben muß.

Die neuen Ergebnisse

Die neuen Ausgrabungen konzentrierten sich zunächst vor allem auf das Befestigungswerk Büyükkayas (Abb. 265). Es besteht aus zwei zeitlich getrennten Anlagen. Zu der älteren gehören die beiden Poternen (s. o.), denen nun noch eine neuentdeckte dritte, zwischen ihnen gelegene, hinzugefügt werden kann (Abb. 266. 267). Es handelt sich dabei offenbar um einen nachträglichen Einbau.

Die Mauer setzt sich von der Nordspitze Büyükkayas in weitem Bogen um die Nordstadt Ḫattušas, wo sie noch deutlich an ihrem Erdwall erkennbar ist, in Richtung auf die Nordecke der Unter-

▽ Abb. 264 Blick auf Büyükkaya von der Unterstadt. Im Vordergrund die Ruine des Großen Tempels.

△ Abb. 265 Büyükkaya beim Stand der Ausgrabungen 1993.

▽ Abb. 266 Büyükkaya, Poterne 3 (1993 restauriert).

stadt fort. Aus ihrem Verlauf, aber auch aus dem Konstruktionsschema der als Kastenmauer konzipierten Anlage und der beiden älteren Poternen geht klar hervor, daß sie die Fortsetzung der sog. Poternenmauer, d. h. der bisher ältesten hethitischen Stadtmauer Ḫattušas bildet, die um die Wende vom 15. zum 14. Jh. v. Chr. entstanden sein dürfte. Demzufolge war die Nordstadt also wesentlich früher, nämlich mindestens hundert Jahre vor der Oberstadt, an das alte Stadtgebiet angeschlossen.

Die jüngere, ebenfalls als Kastenmauer angelegte Befestigung, die im Osten Büyükkayas direkt auf die ältere gegründet ist, führt dagegen mit scharfem Knick von der Nordspitze erst west-, dann südwestwärts am Fuße des Felsmassivs entlang in Richtung auf die Unterstadt, an deren Mauergürtel sie in Höhe des Mıhraplıkaya (= Fels mit Gebetsnische) genannten Felsmassivs angeschlossen haben wird. Statt der Poternen ist sie mit drei Toren – je einem an der West-, Nord- und Ostseite – ausgestattet (Abb. 268–270). Plan und Konstruktionsschema zeigen deutliche Übereinstimmungen mit der sog. Abschnittsmauer in der nördlichen Unterstadt. Demnach hat sie als deren Bestandteil und Fortsetzung zu gelten und datiert somit in die Bauperiode des Großen Tempels, d. h. in die Zeit Ḫattušilis III. (ca. 1265–1235 v. Chr.) oder später.

Bei dem West- und Nordtor handelt es sich – wie beim Nordtor der Abschnittsmauer – um relativ kleine, mit einer schmalen Torkammer in die Mauer integrierte Bauten, die außen jeweils von einem Turm flankiert wurden. Das Osttor, das anscheinend erst später, zusammen mit weiteren, offenbar durch den Verfall der Mauer ausgelösten Umbauten entstand, ist dagegen erheblich größer. Mit Grundmaßen von 27,5 m Breite zu 21 m Tiefe übertrifft es sogar noch die großen Stadttore in der Oberstadt und stellt folglich das größte bisher bekannte Stadttor Ḫattušas dar. Das Tor setzt sich aus einer Folge von drei Durchgängen zusammen und entspricht mit diesem Schema genau jenem des Südtores in der sog. Abschnittsmauer der Unterstadt.

Standort und Zuwege der Tore weisen zugleich deutlich auf die Erschließung des Umfeldes von Büyükkaya hin. Das tief unterhalb des Felsmassivs liegende Westtor diente offenbar als Verbindung zwischen der Unterstadt und dem Gebiet der Nordstadt und – wie mit der Ausrichtung des Torweges angezeigt sein könnte – darüber hinaus vielleicht auch der Nekropole von Osmankayası (Abb. 26). Als

Abb. 267 Büyükkaya, Poterne 2 (1993).

Zugang nach Büyükkaya kommt es aufgrund der Geländeverhältnisse sicherlich nicht in Frage.

Dieser war durch das Nordtor als innerstädtische, d. h. vom Ostrand der Nordstadt aus erreichbare Passage sowie durch das Osttor als äußerer Eingang gegeben. Sowohl durch dessen Standort als auch durch die nordostwärts weisenden Aufwege beider Toranlagen deuten sich außerdem Verbindungen zu dem knapp 1 km entfernten Felsheiligtum Yazılıkaya an (Abb. 271). Daß sich ebendadurch – beim Osttor noch durch seine auffallende Größe zusätzlich betont – zugleich funktionale Beziehungen zwischen der Felsanlage und dem jüngergroßreichszeitlichen Büyükkaya ankündigen, steht m. E. außer Zweifel.

Erste Testgrabungen innerhalb des Mauerringes ergaben in der Tat, daß auf Büyükkaya für die jüngergroßreichszeitliche Periode offenbar nicht mit einer Bebauung im Sinne einer normalen Siedlung zu rechnen ist. Als erstes und bisher einziges Bauwerk konnte am Nordrand des Massivs die terrassenartige Substruktion eines offenbar einräumigen Gebäudes erfaßt werden, dessen durch Werksteinsockel, steinerne Türschwelle und Pfeilerbasis belegte qualitätvolle Ausstattung auf eine Anlage besonderer Funktion

△ Abb. 268 Büyükkaya, Westtor.

▽ Abb. 269 Büyükkaya, Nordtor.

△ Abb. 270 Büyükkaya, Osttor.

▽ Abb. 271 Blick auf das Felsheiligtum von Yazılıkaya mit den vorgelagerten, zugehörigen Gebäuderesten.

schließen läßt. Auch die sonst noch sporadisch erfaßten Baureste dieser Bauschicht – großflächige Pflasterungen und ein aufwendig angelegtes Kanalsystem, die bereits bei früheren Grabungen zutage traten –, außerdem Streufunde in Form von Tontafelfragmenten – darunter ein Fragment des Gilgamesch-Epos –, bemerkenswert vielen Votivgefäßen und einem Relieffragment, lassen keine profane Bebauung erwarten.

Inwieweit dieser Befund auch die nächstältere frühgroßreichszeitliche Bauschicht betrifft, war noch nicht zu ermitteln. Rein profaner Natur scheint dagegen – soweit der bisherige Befund ein Urteil erlaubt – die Bebauung althethitischer und vorhethitischer, d. h. chalkolithischer, sowie nachhethitischer Zeit zu sein. Dabei betrifft die letztere aufgrund der zugehörigen Keramik offenbar eine Periode, die noch vor die bisher in Boğazköy belegte älteste nachhethitische Besiedlung aus altphrygischer Zeit (Periode BK II, 8./Mitte 7. Jh. v. Chr.) datiert, so daß sich der zeitliche Abstand von gut 400 Jahren, der zwischen dem Ende der hethitischen Hauptstadt und ihrer Wiederbesiedlung anzusetzen ist, verringern würde.

Ausblick

Mit den hier kurz skizzierten ersten Grabungsbefunden ist ein Forschungsprogramm vorgegeben, das nicht nur im Hinblick auf die Entwicklung und Bedeutung der hethitischen Nordstadt und – einschließlich Yazılıkayas – ihres Umfeldes, sondern auch auf die Vor- und Nachgeschichte Ḫattušas höchst aufschlußreiche Ergebnisse in Aussicht stellt.

Abb. 272 Der Verfasser im Ballon über Ḫattuša.